HISTOIRE

DE LA

CAMPAGNE DE MADAGASCAR

POUR LES SOLDATS

PAR UN SOLDAT

PARIS
LIBRAIRIE MILITAIRE DE L. BAUDOIN
L. BAUDOIN, ÉDITEUR
Rue et Passage Dauphine, 30

1896

HISTOIRE

DE LA

CAMPAGNE DE MADAGASCAR

POUR LES SOLDATS

PARIS. — IMPRIMERIE L. BAUDOIN, 2, RUE CHRISTINE.

HISTOIRE

DE LA

CAMPAGNE DE MADAGASCAR

POUR LES SOLDATS

PAR UN SOLDAT

PARIS
LIBRAIRIE MILITAIRE DE L. BAUDOIN
IMPRIMEUR-ÉDITEUR
30, Rue et Passage Dauphine, 30

1896

Tous droits réservés.

HISTOIRE

DE LA

CAMPAGNE DE MADAGASCAR

POUR LES SOLDATS

I

LE CORPS EXPÉDITIONNAIRE

L'expédition de Madagascar fut décidée par le Parlement dans les derniers jours de 1894. Dans les premiers mois de 1895, l'armée d'expédition fut formée.

Composition générale.

Elle comprenait une division d'infanterie avec, en plus, de la cavalerie, du génie et toutes les formations nécessaires à assurer les différents services ainsi qu'il fallait à une unité de ce genre qui allait agir isolément. Cette division présentait, toutefois, un aspect différent de celui des divisions de France : elle était à la vérité composée, comme en France, de deux brigades d'infanterie et de plusieurs batteries d'artillerie ; mais, d'abord en dehors des troupes complémentaires qui la renforçaient, et dont il vient d'être parlé, il s'y trouvait encore un bataillon de chasseurs à pied qui prit le nom de 40e ; en outre, les brigades d'infanterie n'avaient pas l'apparence uniforme qu'elles présentent chez nous.

Les brigades d'infanterie.

Voici comment elles étaient formées :

Chaque brigade (à deux régiments) comprenait :

L'une, dite brigade de la guerre :

Un régiment d'infanterie de ligne, le 200e ;

Et le régiment d'Algérie (1), composé de troupes tirées de ce que nous appelons l'armée d'Afrique (2) ;

---

(1) Le régiment d'Algérie comprenait :
Un bataillon tiré de la légion étrangère ;
Et deux bataillons tirés des turcos (de leur vrai nom « tirailleurs algériens »).
Il ne comprenait pas de zouaves ni personne des bataillons d'Afrique.
C'était là vraiment une troupe d'élite. Le bataillon tiré de la légion étrangère ne contribuait pas peu à lui donner ce caractère. A ce propos, il ne faut pas oublier que la légion étrangère, en dépit du nom qu'elle porte, est en majorité composée de Français qui viennent s'y engager presque à tout âge, et aussi d'un grand nombre d'Alsaciens-Lorrains.

(2) Il faut entendre par là l'ensemble des corps ou services établis d'une manière permanente sur les territoires de Tunisie et d'Algérie.

L'autre, dite brigade de la marine :
Un régiment d'infanterie de marine, le 13e ;
Et le régiment colonial, composé de troupes tirées de ce que nous pourrions déjà appeler l'armée coloniale, bien qu'elle n'en porte pas encore officiellement le nom.

Tous ces régiments étaient à 3 bataillons, chacun de 800 hommes.

Le régiment colonial.

On insistera seulement ici sur la composition si curieuse du régiment colonial.

Le régiment colonial comprenait :
Un bataillon de tirailleurs malgaches ;
Un bataillon de Haoussas ;
Et le bataillon des volontaires de la Réunion.
Tous ces noms méritent d'être expliqués.

Le bataillon malgache.

On aurait tort de croire que tous les habitants de Madagascar étaient des ennemis de notre pays. L'action de la France dans l'île africaine n'a pas commencée seulement hier, en même temps que la guerre que nous y avons faite ; cette action y est vieille déjà de plusieurs siècles et, si elle nous y a mis en discorde avec quelques-uns, elle nous a conquis en revanche les sympathies de beaucoup d'autres. On verra plus loin quelle est la diversité de la population de Madagascar et on comprendra facilement comment il peut y régner, au contraire de ce qui se passerait en France en pareil cas, de tels désaccords entre les gens qu'on voie ainsi les uns favoriser et même servir l'invasion étrangère et les autres la combattre. Nous avions en outre, dans l'île, des signes matériels de notre influence : de véritables possessions de territoire ; il en sera parlé ailleurs et en détail : Diego-Suarez, l'île de Nosy-Bé, et d'autres points encore où s'exerçait déjà notre domination avant la dernière campagne. Ces quelques mots suffisent pour indiquer comment nous avons pu recruter des soldats dévoués à notre cause parmi les habitants d'un pays où nous allions porter la guerre ; ces soldats, nègres naturellement, furent appelés les tirailleurs malgaches ; ils étaient en général très jeunes, mais néanmoins solides et résistants, d'autant plus qu'on ne les sortait pas de chez eux ; on les dénomma encore le « bataillon des petits noirs ».

Les Haoussas.

Les Haoussas étaient des noirs eux aussi, hauts de taille, mais non originaires de Madagascar ou de ses dépendances. On les amena du Dahomey, de l'autre côté de l'Afrique, où, comme on se rappelle, nous avions fait victorieusement la guerre, deux ans auparavant, contre Behanzin. Là aussi nous avions eu alors des amis dans nos rangs de la race de nos ennemis ; ennemis et amis d'autrefois se trouvaient maintenant réunis à notre service et ce n'était pas assurément ce qu'on pouvait considérer de moins singulier dans cet étrange régiment colonial que ces hommes, camarades aujourd'hui, dont les uns avaient fait hier le coup de feu contre les autres.

Habillement et équipement des troupes noires.

Tous ces noirs, Malgaches ou Haoussas, peuvent comme on pense affronter le soleil des tropiques sans se protéger la tête avec le casque en liège dont ont besoin les Européens ; aussi ne leur donne-t-on comme coiffure que le bonnet rouge, appelé *chéchia*, des zouaves ou des turcos. Ils marchent pieds nus, d'où il suit qu'on n'a pas à les entretenir de chaussures. Ils portent le sac non sur l'épaule, mais sur la tête ; d'ailleurs, ils n'emploient pas, autant que possible, notre ordinaire *as de carreau*, mais ils paquettent leurs effets en ce qu'on nomme un *barda* ; les coins en sont noués deux à deux de manière à permettre, en y passant les bras, de le charger tout de même sur le dos au moment du combat ; ainsi, il devient possible à l'homme de faire usage de son arme sans avoir à se débarrasser de ses bagages.

De telles troupes sont naturellement résistantes aux climats tropicaux, qui sont les leurs, et elles seront d'un solide appoint à notre future armée coloniale.

Les volontaires de la Réunion.

Quant aux volontaires de la Réunion, c'étaient sinon tout à fait des Français, du moins des créoles, c'est-à-dire presque la même chose, venus de la petite île bien connue de la Réunion, voisine de Madagascar. La Réunion est une possession déjà séculaire de notre pays ; elle s'appelait autrefois Bourbon et nous avions à côté d'elle une autre petite île appelée Maurice, qui a été cédée aux Anglais. Toutefois, à Maurice comme à Bourbon, la population est française et on y parle notre langue. Les premiers habitants en étaient de purs nègres, comme dans les autres contrées africaines ; il en reste encore un certain nombre. Mais, après l'arrivée des colons français, il s'y fit de multiples croisements ; de là sont résultés ce qu'on appelle les créoles, c'est-à-dire des gens qui sont maintenant un peu de toutes les couleurs, depuis le noir jusqu'au blanc en passant par toutes les teintes du bistre. Tels étaient ces jeunes volontaires, nos frères de cœur et tout au moins nos demi-frères d'origine. Ils avaient du Français l'esprit ouvert et le langage ; du noir, l'acclimatement et la résistance aux pays tropicaux. Blancs ou noirs, parmi eux, allaient pieds nus et le barda sur la tête ; pourtant, quand ils virent leurs camarades de la métropole avec des souliers et le sac au dos, ils voulurent faire comme eux pour ne pas être confondus avec des nègres; ils n'allaient pas au soleil sans le casque et, finalement, on les habillait à la manière des Européens.

L'honneur d'avoir mis sur pied le régiment colonial revient aux officiers et aux sous-officiers de l'infanterie de marine. Ces cadres, grâce à la grande expérience qu'ils ont de ces sortes d'instruction et qu'ils puisent dans nos autres colonies, au Tonkin, au Sénégal, au Dahomey, etc., où il existe ainsi des troupes indigènes, firent en peu de temps de cette unité un corps discipliné et solide qui a rendu les plus grands services pendant la campagne de Madagascar.

On s'est étendu longuement sur le régiment colonial à cause de la saisissante impression de diversité qui s'en dégage; cette impression émane d'ailleurs, plus générale, de l'ensemble même du corps expéditionnaire; mais déjà l'on peut s'y arrêter, à l'occasion de cet exemple remarquable. Le cadre restreint qu'on s'est imposé ici n'a pas permis de placer en détail, dans ce tableau, les autres organisations: cavalerie, génie, artillerie, train des équipages, intendance, service sanitaire et hôpitaux, qu'on s'est borné à énumérer et sur lesquels il y aurait eu bien des choses à dire; toutes les armes, tous les services, qui constituent notre grande armée nationale, ont leur place dans cette petite armée de Madagascar. Mais il y a plus: tous les peuples qui sont en quelque sorte les vassaux de la France (et là-dessus on n'a pas encore tout dit), venus de tous les points du monde, y ont amené leur contingent et elle est ainsi comme le résumé de la puissance militaire et coloniale de notre pays. Malgré cette extraordinaire diversité, où il semble qu'il doive régner toute la confusion qui se mit parmi les ouvriers de la tour de Babel, cette armée est ployée à la même règle et, sous ses vêtements uniformes de toile bise, marque extérieure de son unité, elle obéit de la même manière aux mêmes ordres et au même chef.

La division navale de l'océan Indien.

Cet exposé ne serait pas complet s'il n'y était question aussi de l'appoint fourni par la flotte à notre corps expéditionnaire. Est-il besoin de dire que nous avons des vaisseaux de guerre groupés en escadres ou divisions navales sur tous les océans du monde? La division navale de l'océan Indien eut l'honneur de concourir à la guerre de Madagascar d'abord en surveillant les côtes de l'île et en agissant militairement sur les différents points du littoral où son intervention fut nécessaire. Elle y participa encore en fournissant les cadres et les équipages des canonnières et des bateaux de toutes sortes qui composèrent la flottille fluviale (1).

(1) Là aussi nous avions des auxiliaires malgaches, venus principalement de Sainte-Marie, petite île proche de la côte.

I. — LE CORPS EXPÉDITIONNAIRE.

La flottille fluviale.

La route qu'allait suivre l'armée française pour arriver à Tananarive est doublée par un fleuve appelé la Betsiboka, jusqu'à plus d'un tiers de sa longueur. Ce fleuve est large, mais peu profond, navigable pourtant dans toute cette partie et on eut l'idée de l'utiliser pour des transports de troupes et d'approvisionnements ; c'est à cet effet qu'on organisa la flottille fluviale, qui comprenait notamment des canonnières (1) grandes et petites.

Les canonnières et les chalands.

Ces canonnières furent construites de façon à flotter sur les fonds les plus bas : il y en eut quatre grandes calant 60 centimètres et huit petites calant seulement 40 centimètres. De telles embarcations sont des sortes de radeaux et tout ce qui est logement, machines, etc., s'étage au-dessus, par défaut de place au-dessous du pont, comme dans les bateaux ordinaires. Elles marchent à l'aide d'une grande roue à auges à l'arrière, semblable à une roue de moulin, et actionnée par une machine à vapeur, et elles remorquent ainsi de grands chalands plats d'un faible tirant d'eau, eux aussi, qui peuvent porter un chargement s'élevant jusqu'à 25 tonnes (25,000 kilos).

(1) Ces embarcations sont appelées canonnières parce qu'elles sont armées pour leur défense de deux petits canons d'un modèle spécial.

Les coolies.

Au service de toute cette armée, il y avait des travailleurs, désignés sous le nom de *coolies*, pour les plus pénibles besognes, qu'on tenait à épargner aux soldats dans la mesure du possible. On avait recruté des noirs sur différents points de l'Afrique, à Zanzibar (1), sur la côte des Somalis (2), au Sénégal, et aussi des Kabyles en Algérie. Ces derniers avaient plus spécialement à conduire et à soigner les bêtes de somme. Les autres étaient employés de préférence à porter des fardeaux et, en particulier, à charger et à décharger les voitures et les chalands.

Les mulets et les chevaux.

Il convient enfin de mentionner, à titre d'auxiliaires précieux de l'expédition, les mulets dont on fit emploi pour les transports. D'abord, on avait craint pour eux et pour les chevaux qu'ils ne puissent pas s'acclimater. Dans certaines parties de Madagascar, en effet, ces animaux ne vivent pas et ils y sont ainsi presque partout inconnus. Cependant, dans la région qu'on traversa pour arriver à Tananarive, chevaux et mulets se comportèrent à merveille et ce ne fut pas ce qui frappa le moins les habitants de ce pays que de voir pour la pre-

---

(1) Sur la côte est d'Afrique, en face de Madagascar.
(2) Au sud de la mer Rouge et des pays égyptiens.

mière fois ces bêtes, étranges pour eux et effrayantes, dont les blancs se servaient si bien.

Le commandement.

Les noms des généraux qui commandaient le corps expéditionnaire sont devenus familiers à tout le monde.

A la tête de toutes les forces de terre et de mer, c'était le général Duchesne, commandant en chef.

Un général en chef n'est jamais seul ; il a autour de sa personne des officiers dont le rôle est multiple et qui, notamment, portent ses ordres et en préparent l'exécution ; c'est ce qu'on appelle l'état-major. Le chef d'état-major de l'armée de Madagascar était le général de Torcy.

A la tête des brigades d'infanterie, il y avait :

Pour la brigade de la guerre, le général Metzinger ;

Pour la brigade de la marine, le général Voyron.

A la tête de la division navale, il y avait l'amiral Bienaimé.

Enfin, le service de santé était dirigé par le médecin inspecteur Eymeri-Desbrousses (1);

Les services administratifs étaient dirigés par l'intendant militaire Thoumazou (2).

(1-2) Ayant rang de général.

La remise des drapeaux.

A la fin de mars 1895, toutes les troupes du corps expéditionnaire avaient achevé leur organisation; c'est alors que le Président de la République vint leur donner la consécration au camp de Sathonay, près de Lyon, dans la cérémonie restée fameuse de la remise des drapeaux.

Au camp de Sathonay il y avait le 200e, c'est-à-dire une des grosses unités de la division d'expédition et l'une des plus importantes de celles dont le recrutement était en France; ce fut ainsi le 200e qui eut la majeure partie des honneurs de cette mémorable fête. Le Président de la République passa d'abord la revue du régiment, que lui présentait pour la circonstance le général Duchesne lui-même, puis il remit de sa propre main, aux colonels des quatre régiments (1), les drapeaux qu'il laissait à leur vaillance le soin de faire flotter bientôt victorieusement sur l'île africaine.

Départ du 200e.

Quelques jours après, le 200e quittait le camp de Sathonay et allait s'embarquer pour Marseille en traversant auparavant les grandes rues de la ville de Lyon. Ce fut une marche triomphale, parmi les fleurs et les acclamations, dans la patriotique cité. Quelque prématuré qu'on doive juger un tel en-

---

(1) Algérie, 200e, colonial et 13e de marine.

thousiasme chez la foule, quelque moins raisonnable qu'il soit à coup sûr au départ qu'au retour d'une campagne glorieuse, il y a lieu toutefois de considérer que le 200ᵉ, venu de tous les points du pays, était le grand élément national de l'armée de Madagascar, le *régiment de France* à proprement parler.

A cette heure, le temps n'est plus aux restrictions : beaucoup de ceux qui s'en allaient ne sont pas revenus, les ovations d'alors sont les seules qu'il leur ait été donné d'entendre. C'était, ainsi que l'a dit le colonel Gillon, commandant le 200ᵉ, renouvelant un mot célèbre, une lettre de change qu'on tirait et que le régiment s'efforcerait d'acquitter. Il l'a fait largement avec son sang, comme l'on sait, et la mort qui faucha tant de soldats dans ses rangs n'épargna pas l'admirable chef qui prononçait cette belle parole. On se rappelle quelle impression profonde en causa la douloureuse nouvelle.

En acceptant avec joie l'honneur de partir à Madagascar, le colonel Gillon n'avait pas agi dans l'espoir d'un prix à son zèle : il était sur le point d'être nommé général sans avoir à quitter la France. Même, d'une situation de fortune plutôt favorisée et père de nombreux enfants, tout semblait au contraire le retenir à son heureux foyer. L'amour de la patrie et cet autre sentiment qui est au cœur de tout bon soldat et qui s'appelle l'amour de la gloire furent les seuls et nobles mobiles de cet exemplaire dévouement.

II

L'ENNEMI

Madagascar, comme chacun sait, est une grande île dont la forme est vaguement celle d'un sabot ou d'une pantoufle, la pointe au Nord et la semelle à l'Est. Il n'y a pas de grande île en Europe qui lui soit égale en superficie; l'Angleterre n'est guère que la moitié de Madagascar. Pour fixer les idées sur cette superficie, il est à peu près exact de dire qu'elle est égale à celle de la France augmentée de six ou sept départements.

Il faut connaître :

Diego-Suarez, au nord de l'île, la pointe du sabot, port de mer et possession de la France dès avant la guerre.

Tamatave, autre port de mer, sur la côte Est, sous la semelle.

Majunga, port de mer de l'autre côté, sur la côte Ouest, le dessus du pied.

Proche la même côte, mais plus au Nord, l'île de Nosy-Bé et la petite île de Nosy-Comba, nos possessions déjà anciennes.

II. — L'ENNEMI.

Enfin Tananarive, la capitale de l'île, au centre des terres, dans des montagnes élevées de 1400 mètres au-dessus du niveau de la mer. Il monte vers Tananarive une route par Tamatave et une route par Majunga ; c'est cette dernière qui a été suivie par le corps expéditionnaire.

Il convient encore de savoir que l'île de Madagascar, dans l'océan Indien, proche le littoral est de l'Afrique, est située de l'autre côté de l'équateur, dans l'hémisphère Sud. Là, l'hiver est au mois de juillet (1), les grandes chaleurs au mois de janvier. Le soleil ne semble pas tourner dans le même sens que dans notre pays ; à midi il se montre au Nord. La nuit, on chercherait en vain pour s'orienter l'étoile polaire ; elle a disparu de la voûte céleste derrière la ligne de l'horizon. C'est à la constellation appelée la Croix-du-Sud qu'on a recours ; elle indique à peu près la direction du Sud.

Entre Marseille et Majunga, il y a vingt jours de navigation, dix-sept seulement pour les paquebots-postes. On passe aux bouches de Bonifacio, entre la Corse et la Sardaigne, au détroit de Messine, entre la Sicile et l'Italie, puis le canal de Suez, la mer Rouge et enfin l'océan Indien, après avoir doublé le cap Guardafui.

---

(1) Est-il besoin de dire, toutefois, que cet hiver est relatif et qu'il y fait encore aussi chaud qu'il fait en France pendant l'été ?

II. — L'ENNEMI.

Le général la Fièvre et le général la Forêt.

A Madagascar plus d'un ennemi nous attendait, dont le plus terrible n'était certes pas le Malgache ou, pour parler d'une manière précise, le Hova, à qui nous avions déclaré la guerre. Un roi du pays disait autrefois : « J'ai, pour combattre les blancs, deux précieux serviteurs : le général la Fièvre et le général la Forêt. »

Les routes.

De forêts, par la route qu'on allait suivre, il n'y en a presque pas. Mais il est permis d'étendre le terme et l'on peut dire que, sans être renforcé par des barrières de végétations vierges, le pays, en général montueux et à peu près sans routes, est, tel quel, un sérieux obstacle à la marche d'une armée.

Les saisons.

Une autre difficulté résulte du climat même de Madagascar. Six mois durant, la saison est sèche, et les six autres mois, pluvieuse. Ces six mois, de novembre à avril, sont appelés la saison des pluies, de ces pluies tropicales qui tombent sans arrêter et l'on peut dire à seaux ou à torrents ; alors le sol se détrempe, les marécages asséchés se reforment, les fleuves se gonflent ; ajoutez à cela que le pays devient aussi plus malsain. C'est pour parer à cet état de choses qu'on fit la guerre autant que possible seulement dans la saison sèche.

Les maladies.

Mais surtout la fièvre de Madagascar fut, au cours de cette campagne, un terrible auxiliaire des Hovas. Elle règne dans le bas pays où le soleil torride y aide encore par son influence anémiante; il y a lieu de faire à ce propos une importante distinction.

Tananarive est, comme on l'a dit, à 1400 mètres au-dessus du niveau de la mer, au centre d'une région montagneuse. La montée, toutefois, ne commence pas dès la côte et, auparavant, il y a une autre région relativement plate en bordure de l'océan. C'est le bas pays, qui porte le nom plus particulièrement de Boëni; le pays accidenté autour de la capitale porte dans le voisinage de cette ville le nom d'Imérina ou Émyrne. Le Boëni est surtout marécageux. Chacun sait que des marécages sont toujours malsains, même chez nous. En outre, là-bas, ils sont surchauffés par le grand soleil tropical qui entretient au-dessus d'eux les exhalaisons infectieuses. Le soleil et la grande chaleur, que rien ne tempère dans cette région, ont encore pour effet d'anémier quiconque n'est pas acclimaté, d'affaiblir en occasionnant des transpirations exagérées et de laisser l'homme presque vide de forces, sans défense contre la maladie.

Du moins dans la région montagneuse, cette action du soleil est un peu diminuée à cause de l'élévation même et de la fraîcheur relative qui y règne par conséquent. Encore ne faut-il pas que l'organisme ait été empoisonné, *impaludé*, suivant le terme des médecins, au cours d'un séjour prolongé dans la région marécageuse. Si le germe de la maladie est entré dans le sang, il peut s'y développer quel que soit le pays, et, même une fois de retour en France, bien des soldats en ont été atteints après avoir échappé à la fièvre pendant toute la campagne à Madagascar.

Est-ce à dire que contre ce dangereux et invisible général la Fièvre il n'y ait rien pour se défendre? Au contraire, sans parler de la quinine, on arrive à se préserver de la maladie à l'aide de simples précautions d'hygiène habituelle. Il ne peut entrer dans ce cadre de donner là-dessus des détails, mais on prend soin toujours d'en instruire les soldats qui sont envoyés aux colonies. Toutefois il ne faut pas se dissimuler que l'état de guerre, dans bien des cas, ne permet pas de suivre ces règles comme il conviendrait et qu'il importe souvent d'en sacrifier la pratique à des exigences d'un autre ordre. C'est là une des multiples épreuves auxquelles est soumis le soldat et qui lui coûtent quelquefois la vie; l'affronter est la marque de son courage et de son dévouement, moins brillante ici peut-être, mais en tout cas aussi glorieuse que de marcher sous le feu de l'ennemi.

Nos amis et nos ennemis.

Quant aux Malgaches, on sait déjà que nous avions parmi eux des amis et des ennemis. Nos amis, dans la partie du pays où nous allions faire la guerre, portent le nom de Sakalaves ; nos ennemis portent le nom de Hovas.

Madagascar, quoique n'ayant pas une superficie de beaucoup supérieure à celle de la France, n'est pas un pays comme le nôtre, uni dans sa population, mais il est partagé en plusieurs peuplades qui vivent à l'écart les unes des autres et quelquefois même en ennemies. Il n'y a plus de pays en Europe qui présente ainsi, dans une étendue relativement aussi petite, une division semblable de ses habitants quoique parlant la même langue ; cependant l'histoire nous enseigne qu'autrefois l'Allemagne, l'Italie et aussi, plus anciennement, la France étaient partagées un peu de cette manière.

Les Sakalaves.

En principe, à Madagascar la population est nègre ; il en est d'elle comme de celle de tous les autres pays d'Afrique : ce sont donc des peuplades nègres dont il serait long et oiseux de donner les noms, d'ailleurs difficiles ; de leur nombre sont nos amis les Sakalaves, autrefois les plus puissants de l'île. Ces peuplades nègres sont vraisemblablement les premiers habitants du pays, peut-être originaires du sol, les Malgaches à proprement parler.

Les Hovas.

Les Hovas sont de tout autres gens. Ils ne sont pas noirs ; ils sont bronzés. Ils n'ont pas non plus le type nègre : les traits épais et les cheveux crépus ; ils ont plutôt le type asiatique, les yeux en amande comme les Chinois, et les cheveux lisses et longs. Ils ont l'esprit relativement ouvert et ils se sont adapté assez vite tout au moins les formes de notre civilisation ; c'est ainsi que chez eux la classe élevée s'habille, non plus comme autrefois d'un ou de deux morceaux d'étoffe autour des reins et autour du torse, mais bien avec des pantalons, des vestes, du linge, à la manière des Européens [1]. Ils se sont aussi conquis dans l'île une situation prépondérante qui, sur plusieurs peuplades et notamment sur les Sakalaves, était une véritable suzeraineté ; elle se faisait sentir par des corvées, par des exigences de toutes sortes, souvent absolument despotiques. On comprend maintenant que les Sakalaves aient été disposés à bien recevoir

[1] De même au cours de la guerre que nous leur avons faite, nous les avons vus en possession d'un armement analogue au nôtre et très perfectionné. Il faut dire, toutefois, qu'ils ignoraient en général la manière de s'en servir, et notamment ils étaient d'assez piètres artilleurs, dont les obus n'éclataient pas parce qu'ils oubliaient de déboucher les évents.

les Français qui allaient les affranchir de cette servitude.

Une différence comme celle qui vient d'être marquée entre les Hovas et les Sakalaves ne s'explique pas sans une différence aussi entre les origines. En effet, les Hovas ne sont pas des Africains ; ils sont venus sur des bateaux des nombreuses îles de l'Océanie, un peu comme les pirates Normands vinrent en France autrefois des pays scandinaves. L'époque à laquelle ils ont débarqué à Madagascar ne semble même pas très ancienne ; on la fait remonter à trois cents ans environ. Ils furent mal reçus par les habitants et ils durent, à peine arrivés, se réfugier dans les hauts pays, sur ce plateau même de l'Emyrne où ils sont demeurés depuis. Plus tard, et peu à peu, ils établirent leur suprématie sur une grande partie de Madagascar par l'ascendant naturel de l'intelligence sur la brutalité. Tananarive, qu'ils fondèrent, devint bientôt en même temps que leur capitale la plus grande ville de l'île, avec une agglomération de près de 100,000 habitants, et les Européens prirent l'habitude de ne plus traiter qu'avec les Hovas. Leur reine, ainsi, fut amenée à prendre le titre de reine de Madagascar, qui n'est pourtant qu'à demi justifié.

La jeune reine et le vieux ministre.

Le grand ennemi de la France à Tananarive et

le principal fauteur de la guerre par ses intrigues de toutes sortes était le premier ministre, portant le nom respectable et dur de Rainilaiarivony (1). Il y avait plus de trente ans que cet astucieux personnage gouvernait le pays. Il était venu à la tête des affaires après une série de ces révolutions de palais si fréquentes dans les cours orientales grandes ou petites. D'abord de concert avec son frère, tous deux s'étaient débarrassés du souverain d'alors, le roi Radame, qui fut empoisonné, sinon par eux, du moins à leur instigation ; dans la circonstance, ce fut le frère qui recueillit tout le bénéfice : celui-ci devint premier ministre et il épousa la princesse appelée à la succession de Radame (2). Mais quelques années plus tard l'ambitieux Rainilaiarivony soulevait le peuple de Tananarive, il s'assurait de la personne de son frère qu'il faisait emprisonner sans scrupule, puis il se substituait à lui dans le poste élevé qu'il occupait.

De ce jour, Rainilaiarivony conserva le gouvernement. Quand la reine mourut, il en choisit lui-

---

(1) Quelque désir qu'on ait de ne pas se servir de noms propres malgaches qui ne rendent pas la narration plus facile à cause de la peine qu'il faut prendre pour les retenir ou simplement pour les lire, celui du fameux premier ministre n'a pas paru pouvoir ne pas figurer ici ; il mérite d'être connu. Pour le dire commodément, il convient de le découper : Rainilaia-Rivony. Rainilaia se prononce Rainilaye Rivony se prononce Rivoun. Ainsi dit, le nom semblera peut-être plus euphonique.

(2) C'est la coutume assez générale des pays malgaches quand il y a une reine que le premier ministre en soit le mari.

même une autre parmi les princesses de sang royal et il l'épousa. Puis, celle-ci aussi étant morte, il en désigna, toujours lui-même, une nouvelle à la succession ; il était alors d'un âge avancé, plus de soixante ans ; pourtant, il en fit encore sa femme, mais il avait eu soin de la prendre parmi les princesses les plus éloignées du trône et il comptait ainsi l'avoir tout à fait à sa dévotion.

C'était la reine Ranavale, celle qui régnait à Tananarive au moment de la récente guerre et qui y règne encore aujourd'hui sous le contrôle de la France. Elle avait 14 ou 15 ans au moment où elle monta sur le trône et il est permis de penser qu'elle subissait son antique époux plus qu'elle ne le suivait et qu'elle n'en partageait intimement les desseins.

Voilà, ne semble-t-il pas vrai, tous les éléments d'un de ces contes merveilleux comme on en faisait au temps jadis : cette jeune reine sous la garde d'un vieux ministre, ce ministre intrigant et fourbe et ses trois reines l'une après l'autre ; tout ce monde enfermé, défendu comme par un triple enchantement, derrière la barrière de ses fièvres, de ses montagnes et de ses guerriers. De quelles ressources n'eussent pas été de telles circonstances à l'imagination inventive de nos chanteurs du moyen âge. Et à l'assaut de tout cela, à la manière des héros des légendes, l'armée française allait marcher.

II. — L'ENNEMI.

Mais une autre considération d'un ordre moins poétique était ici de nature à flatter notre esprit d'aventure. L'idée de faire de Madagascar une colonie de la France n'était pas née d'hier dans l'esprit des ministres de notre pays. Dès le dix-septième siècle, des Français étaient débarqués dans l'île et y avaient fondé des établissements ; et d'illustres politiques d'alors, Richelieu, Colbert, s'étaient aussitôt préoccupés de leur faciliter la tâche. Nous allions donc entrer dans la voie qui nous avait été tracée par le passé, suivre les traditions qu'il nous avait léguées, achever son œuvre.

Dire comment, depuis l'époque de Louis XIV, notre influence s'était développée là-bas avec des alternatives de grandeur et de décadence, ce serait nous allonger beaucoup. A cette besogne contribuèrent, dans une large mesure, nos missionnaires catholiques. Nous obtînmes d'abord des cessions pacifiques : Nosy-Bé, Diego, etc. Plus tard, en 1885, il fallut une première fois faire la guerre. Enfin, en 1895, par une mémorable et définitive campagne, notre souveraineté a été imposée aux Hovas et établie sur la totalité de l'île. Il est temps d'entrer dans le récit de cette glorieuse expédition.

III

PREMIÈRE PARTIE DE L'EXPÉDITION

On peut diviser l'histoire de la campagne de Madagascar en deux parties d'importance inégale, quant à la durée :

1° Les commencements jusqu'à la formation de la colonne volante ;

2° Les dernières étapes, franchies par la colonne volante, et la prise de Tananarive.

Les pénibles commencements de la guerre, ainsi définis, ont duré six grands mois. La marche de la décisive colonne volante a duré environ vingt jours ; par la gloire qu'elle a jetée sur l'ensemble en ce si court laps de temps, elle mérite qu'on en fasse séparément le récit.

Toutefois, bien qu'au cours de cette marche les Français aient rencontré les Hovas plus souvent et en plus grand nombre qu'auparavant, on aurait tort de croire qu'ils n'avaient pas eu jusque-là de combats à livrer pour se frayer un passage et que la fièvre et le pays avaient été ainsi d'abord leurs seuls adversaires. Assurément, c'est surtout ces derniers qui avaient rendu les progrès si difficiles et l'ennemi ne s'était montré que rarement dans la première partie de la campagne; cependant, il y avait eu ces quelques rares fois des engagements encore assez sérieux pour que des officiers et des soldats y reçussent des blessures honorables et même y trouvassent la mort, et, si l'éclat des dernières actions de guerre grâce auxquelles nous sommes enfin arrivés à Tananarive en ont un peu effacé le souvenir, on ne serait ni complet ni juste en passant ici les premières sous silence.

La route de Tananarive par Majunga.

Deux mots pour décrire la route qu'allait suivre l'armée française.

Cette route va, de Majunga à Tananarive, à peu près en ligne droite, suivant sensiblement l'orientation nord-sud. Elle a environ 450 kilomètres, ce qui est la distance entre Saint-Nazaire et Paris; un bon tiers, jusqu'à Suberbieville, est dans le bas Boëni; ensuite on monte, et cette ascension ne s'arrête qu'une fois rendu aux abords de la capitale. La route longe, on peut dire sur tout son parcours, tantôt de très près, tantôt d'un peu plus loin, la rive droite d'une importante ligne d'eau.

C'est d'abord un grand fleuve appelé la Betsiboka, qui ressemble assez bien à la Loire tant par ses largeurs d'eau que par ses bancs de sable et

III. — PREMIÈRE PARTIE DE L'EXPÉDITION.

ses bas-fonds, quoiqu'il roule des eaux rougeâtres, toutefois parfaitement potables. Le vaste estuaire par lequel la Betsiboka débouche dans l'Océan forme la baie dite de Bombétoke, sur laquelle à droite est Majunga. Vingt lieues au-dessus de ce port de mer, le fleuve s'est partagé en plusieurs bras, tous d'une certaine profondeur, qui permet la navigation de bateaux d'assez fort tonnage; c'est ce qu'on appelle un *delta*. Au sommet est située la ville de Maroway, considérable à deux points de vue : en partie sur une hauteur qui domine et défend le pays avoisinant, elle est de ce chef une remarquable forteresse ; en partie sur le bord de l'eau (1), elle est encore un port important jusqu'où viennent mouiller les *boutres,* c'est-à dire ce qui constitue pour les indigènes la grosse marine marchande.

Non loin de Suberbieville, en aval, il faut qu'on franchisse le fleuve. Il n'a pas moins, en cet endroit, de 360 mètres de largeur. Ensuite, le cours en est déjeté à l'ouest et c'est alors la rive droite d'un gros affluent appelé l'Ikopa, qu'on va côtoyer ; au-dessus de Suberbieville, à son tour, le cours de l'Ikopa est déjeté ; à l'est celui-ci, et, au lieu que jusqu'ici la route ait été presque tout du long en bordure de l'eau, c'est à grande distance maintenant que, si l'on peut dire, elle suit la rivière ;

(1) Maroway n'est pas à proprement parler sur la Betsiboka, mais sur une rivière en ce point assez large et profonde, affluent du fleuve et non loin de leur confluent.

toutefois, on retrouve en Emyrne le cours supérieur de l'Ikopa, comme aussi celui de la Betsiboka.

Au-dessus de Suberbieville, les montagnes commencent. Dans cette dernière partie du chemin, on rencontre sur le parcours : le poste de Suberbieville, moins important par lui-même et par l'exploitation aurifère dont il est le principal siège que par la proximité d'une forteresse hova appelée Maevatanana ; puis Andribe, qui est non pas à proprement parler un village, mais une région élevée à 750 mètres d'altitude, barrière presque infranchissable si elle eût été défendue, qui est devenue surtout célèbre parce qu'elle a été le point de départ de la colonne volante ; puis différents points montagneux tels que le plateau de Tafouf et les monts Ambohimènes ; et, enfin, l'Emyrne et Tananarive.

L'avant-garde. — Colonne de la rive gauche.

Dès les premiers jours du mois de mars, l'avant-garde du corps expéditionnaire était débarquée à Majunga, qu'occupaient par avance des troupes de la marine. Cette avant-garde comprenait des turcos et de l'artillerie. D'après ce qui vient d'être dit, le premier objectif de l'armée française était naturellement Maroway et l'on savait, d'ailleurs, qu'il y avait là d'importantes forces ennemies. Toutefois, on ne se contenta pas d'agir par la rive droite du fleuve, celle qu'on allait suivre ; en même temps qu'on portait de ce côté la plus grande partie des troupes, on envoyait le reste sur la rive gauche avec la mission de la dégager et d'en chasser les partis hovas qui pourraient s'y être établis. On ne les y rencontra qu'en petit nombre et on alla vite en besogne ; il n'y eut guère de semblant de résistance qu'en un grand village appelé Mahabo, sur une hauteur presque en face de Maroway, un peu plus haut dans le pays, sorte de cité sainte où sont des tombeaux et que défendait une petite garnison.

Colonne de Maroway.

Sur la rive droite du côté de Maroway, la partie ne fut pas aussi facile. Il faut se rappeler qu'on était au mois de mars, c'est-à-dire à la fin de la saison des pluies, au moment où le sol est le plus détrempé et où les rivières sont le plus grosses. Des bateaux avançaient sans peine sur le fleuve ; mais, par terre, il n'en était pas de même des troupes. La division navale, dont les vaisseaux pouvaient remonter dans le delta, et qui participa ainsi aux opérations de l'avant-garde tant à gauche qu'à droite, fut dans la circonstance d'un précieux secours.

Une première fois, on eut un terrain tellement boueux que toute opération en fut paralysée ; on rentra à Majunga par eau. Une deuxième fois, en avril, ce fut à peu près la même chose ; toutefois, en un point appelé Miadane, où s'était établi un parti de Hovas et jusqu'où la colonne parvint à s'avancer, on eut la joie de faire victorieusement le coup de feu. Mais le terrain était encore difficile ; en outre, il y avait plus d'un mois que les troupes françaises occupaient ce pays malsain en tout temps, mais plus encore à cette époque de l'année ; la fièvre commençait à se mettre parmi elles, elles avaient besoin de repos ; voilà pourquoi, cette fois encore, tout le monde rentra à Majunga.

Il s'agissait d'ailleurs non pas de pousser simplement droit devant soi ; on voulait plus : investir Maroway, c'est-à-dire enfermer l'ennemi dans la forteresse qu'il occupait en lui barrant toutes les routes, l'y réduire et le faire prisonnier ; ainsi, nous étions complètement débarrassés de cette première armée. Au commencement de mai, le pays étant plus favorable et les soldats ayant pris du repos, trois colonnes s'avancèrent sur la ville, suivant des directions convergentes : l'une par voie de terre, rive droite ; l'autre, par le fleuve, sur les navires ; enfin, la colonne de la rive gauche, se retournant vers l'objectif général, fut amenée, de l'autre côté de l'eau, sur la ligne de retraite des Hovas. Mais autant eût valu vouloir étreindre le vent, qui, à coup sûr, ne file pas plus vite.

Le résultat de cette manœuvre fut l'entrée de nos troupes dans Maroway (2 mai). L'artillerie, tant par terre que par eau, fit presque tous les frais de cette affaire. L'ennemi sembla tenir un moment ; il ne voulait pas se laisser prendre. Quand notre infanterie fut assez proche pour qu'il risquât d'être coupé, il se déroba sans faire plus avec cette rapidité dont il allait donner, par la suite, de nouveaux et remarquables exemples. Les Hovas sont d'extraordinaires coureurs qui font dans une journée, sans trop de fatigue, 60 kilomètres et plus ; dans la circonstance, leur fuite fut un peu retardée par les terrains boueux dans lesquels ils s'engagèrent ; néanmoins, il n'y avait pas à songer à les poursuivre ; on se contenta de leur envoyer quelques obus, qui accentuèrent leur déroute.

Celui qui commandait les Hovas au cours de ces premières affaires s'appelait Ramasombazaha, gouverneur général du Boëni. La sonorité de son nom et l'agilité qu'il montrait dans les cas dangereux pour se mettre à l'abri, lui et ses équipages, lui valurent le surnom de *Ramasse-ton-Bazar*, sous lequel il ne tarda pas à être célèbre dans l'armée française. A Maroway, cependant, il ne le ramassa pas assez vite et une bonne partie de ses bagages tomba entre nos mains ; on y trouva, notamment, une sagaïe d'argent qu'il avait reçue de la reine.

Combat de Manonga.

L'avant-garde ne s'arrêta pas longtemps. Dès la fin de cette quinzaine de mai, elle se remettait en route et la reprise de la marche, dès son début, était marquée par la brillante affaire dite de Manonga. Les tirailleurs malgaches en furent les héros. Cette troupe marchait tout à fait en tête et ses éclaireurs vinrent rapporter qu'il y avait en vue un parti de Hovas : l'ennemi était en marche, il traînait avec lui une petite pièce de canon. Le lieutenant et la section de pointe vont aussitôt au pas de course occuper un mamelon, qui cache l'une à l'autre les deux troupes adverses ; elles sont, cependant, déjà si proches que les tirailleurs arrivant au haut reçoivent une décharge presque à bout portant. Cependant le gros, pressant aussi sa marche, se porte vivement à la rescousse ; on était trop près pour s'attarder à tirer et, sans hésiter, les petits noirs, entraînés par les officiers et les sous-officiers français qui les encadrent et qui leur communiquent la *furia* nationale, se lancent à la baïonnette. Ils enlèvent aux Hovas leur canon avant qu'ils aient eu le temps de s'en servir et, finalement, ils les mettent en fuite. Le lieutenant qui commandait la pointe et quelques hommes avaient été blessés dans ce brillant combat ; l'ennemi laissa des morts sur le champ de bataille.

Colonne de Suberbieville.

Le nouvel objectif était Suberbieville ou, pour mieux dire, Maevatanana. La marche de Maroway sur Maevatanana se fit, le long de la Betsiboka, avec une rapidité extrême. Les canonnières ne circulaient pas encore pour faire le ravitaillement ; à leur défaut, un petit vapeur à quille plate, commandé par un jeune aspirant, assura à lui seul ce service. On ne fut guère inquiété par l'ennemi, mais, avant d'atteindre le but, il fallait qu'on passât le fleuve ; or les Hovas s'étaient établis dans la pointe de presqu'île formée au confluent de la Betsiboka et de son affluent l'Ikopa ; ils en furent, toutefois, facilement délogés par les feux qu'on leur envoya : en avant, du corps principal embusqué sur la rive droite du fleuve ; et, en flanc, d'un petit parti qui avait été transporté sur la rive gauche de la rivière ; après quoi, l'on put passer à gué. Plus tard, on construisit en cet endroit un immense pont de 360 mètres.

Bientôt après, on était devant Maevatanana ; c'est un gros village sur une roche aux pentes presque inaccessibles, où l'on disait que s'étaient enfermés les débris de l'armée de Ramasombazaha, renforcés de contingents venus des hauts. On songea un moment à les investir ; mais on se souvint de Maroway ; puis les troupes étaient fatiguées par leur marche longue, et cependant rapide, qui avait duré plus de trois semaines. Le 9 juin, on se présenta donc sans autre manœuvre sous Maevatanana et, là encore, l'artillerie pressa le dénouement ; cette fois, elle se servit d'obus à mélinite, et à peine les Hovas eurent-ils vu fonctionner l'infernal engin qu'ils tournèrent aussitôt les talons sans essayer de résistance. On entra ainsi sans difficulté dans la citadelle et, peu de temps après, dans Suberbieville, qui n'était nullement défendu.

Arrivée du gros.

Cependant, le général Duchesne et le gros du corps expéditionnaire étaient débarqués à Majunga ; cela s'était fait dans le commencement de mai. Déjà l'avant-garde, pour sa marche sur Suberbieville, après Maroway, avait été renforcée de troupes nouvelles et, notamment, de la légion et des chasseurs à pied. Le reste s'échelonnait le long du pays conquis et devait bientôt être concentré, pour la majeure partie, autour de Suberbieville et de Maevatanana.

Là, d'ailleurs, il y allait avoir un nécessaire et long stationnement, car au-dessus de ce point la voie d'eau manquait pour le ravitaillement et il fallait accumuler tous les approvisionnements indispensables pour alimenter désormais l'armée, en route vers Tananarive. Ce fut l'œuvre des canonnières, qui marchaient enfin ; mais il ne se passa pas moins de six grandes semaines avant qu'on pût reprendre les opérations.

D'ailleurs, comme on le verra, il ne faudrait pas conclure de l'immobilité momentanée à un repos complet des troupes ; elles avaient de quoi ne pas rester inactives au cours de ce stationnement, occupées qu'elles étaient, notamment, au gigantesque travail de la construction d'une route carrossable qui devait aller depuis Majunga jusqu'en un point aussi rapproché de la capitale qu'il serait possible.

IV

PREMIÈRE PARTIE DE L'EXPÉDITION (suite)

Ici se place un important fait d'armes, le plus important peut-on dire de l'expédition de Madagascar en tant que fait d'armes isolé. Il s'agit des combats de Tsarasaotra et du mont Beritz, les 29 et 30 juin, où furent tués un officier français, un caporal et quelques hommes ; il y eut un autre officier et plusieurs hommes de troupe blessés.

Combat de Tsarasaotra.

Sans doute parce qu'ils nous voyaient immobiles et que, n'ayant pas l'intelligence de la guerre à l'européenne ni de ses exigences, ils se figuraient que nous avions peur, les Hovas s'enhardirent au point de venir, le 28 juin au soir, faire le coup de feu contre nos avant-postes ; c'était aux environs du village de Tsarasaotra, à une vingtaine de kilomètres en avant de Suberbieville ; il n'y avait là qu'une petite troupe composée de tirailleurs algériens avec un peu d'artillerie et de cavalerie. Forts de notre faiblesse, le lendemain, les Hovas revenaient à l'attaque et tout à coup on les vit apparaître en tête et sur nos flancs, faisant éclater aussitôt une fusillade vivement nourrie mais, heureusement, assez mal dirigée. La petite garnison de Tsarasaotra était prise là un peu à l'improviste, mais elle ne se laissa pas effrayer et, quoique très inférieure en nombre, elle fit tout de suite face à l'assaillant sur les trois côtés par où il arrivait, et commença un feu discipliné qui, bien ajusté celui-ci, ne manqua pas de faire des ravages; les cavaliers, ayant mis pied à terre, prenaient part à la fusillade. Le tir eût pu se prolonger beaucoup, mais bientôt deux petites colonnes d'assaut, partirent chacune de leur côté à la charge ; ces marches à la baïonnette ont le don d'épouvanter les noirs, et, en peu de temps, les deux colonnes avaient tout balayé devant elles. On s'en tint là pour cette journée ; la troupe de Tsarasaotra était trop faible pour donner la poursuite, et l'ennemi put se retirer, sans être inquiété, dans la direction de l'Est, en un point non éloigné, appelé le mont Beritz, où il avait établi son camp. Là il reçut encore des renforts et il se prépara pour le lendemain à une grande et, espérait-il, victorieuse bataille.

Combat du mont Beritz.

Cependant la nouvelle du combat était parvenue à Suberbieville. On s'empressa aussitôt d'envoyer

IV. — PREMIÈRE PARTIE DE L'EXPÉDITION (SUITE). 41

du renfort ; l'honneur d'aller combattre dans la circonstance fut décerné aux chasseurs à pied qu'accompagnèrent deux sections d'artillerie. Ils quittèrent leurs cantonnements en plein midi, par le grand soleil, sac au dos. L'étape fut pénible et longue et c'est seulement à onze heures du soir qu'ils rejoignirent leurs camarades à proximité des Hovas. Cette petite colonne de soutien, chasseurs et artilleurs, se distingua grandement, comme on va voir, au combat qui eut lieu le lendemain ; mais peut-être les trouvera-t-on surtout admirables pour cette marche de plus de dix heures, faite dans les moments torrides du jour, plus mortels à qui s'y expose que les balles de n'importe quel ennemi. De fait, cette brave troupe ne fut éprouvée par le feu que d'une manière presque négligeable, mais les suites de sa rude étape furent autrement terribles pour elle : deux mois plus tard, on n'eût retrouvé qu'un petit nombre de ces vaillants du mont Beritz.

Donc le matin du 30 juin la bataille recommença. Comme la veille, le feu des Hovas était mal ajusté, surtout celui de leur artillerie ; nos artilleurs, à cette occasion, leur donnèrent une leçon de réglage. Quant aux chasseurs, ils ne répondaient même pas à la fusillade, mais ils avançaient rapidement, autant que leur permettait toutefois le terrain singulièrement accidenté et escarpé qu'il fallait traverser pour gagner l'ennemi ; arrivés à bonne distance, ils s'arrêtèrent un moment et firent feu ; ce fut un épouvantable roulement de quelques secondes, puis ils partirent à la baïonnette. L'ennemi s'enfuit. Les chasseurs et les tirailleurs qui appuyaient le mouvement étaient lancés d'une telle course qu'on ne parvenait plus à les arrêter ; ils n'arrivèrent cependant pas à joindre les agiles Hovas ; à peine si les obus à l'aide desquels on dut se résigner à leur donner la poursuite purent les atteindre. Du moins on fit au camp ennemi un considérable butin et cinq cents tentes et le drapeau de la reine tombèrent là entre nos mains.

Marche sur Andribe.

Cette frottée rendit nos ennemis définitivement prudents et désormais ils ne se hasarderont plus à prendre l'offensive. Tout le mois de juillet se passa sans autre événement et, dans la dernière quinzaine de ce mois, la brigade de la marine, tenue jusqu'à ce jour en arrière, fut appelée pour prendre à son tour les devants. Dans les premiers jours d'août, l'on peut dire que la marche en avant était reprise.

Le nouvel objectif était Andribe, à 150 kilomètres de Suberbieville, où l'on savait que les Hovas s'étaient fortifiés ; par la connaissance qu'on avait déjà du pays, on n'ignorait pas que ce lieu très peuplé et abondant en ressources, en même temps d'accès extrêmement difficile, était propice à une concentration et à une résistance considé-

IV. — PREMIÈRE PARTIE DE L'EXPÉDITION (SUITE).

rables. On y parvint toutefois sans rencontrer d'obstacles et, dès le 18 août, on n'en était plus qu'à une vingtaine de kilomètres ; ce même jour, on abandonnait la construction de la route carrossable et on en arrêtait le tracé au point où l'on était parvenu à cette date.

C'est dans la journée du 21 que l'armée française se présenta devant les innombrables fortifications dont l'ennemi avait surchargé tous les points dominants ; il semblait s'y trouver en force et décidé à une énergique défense. Il y eut ce jour-là un combat d'artillerie où toutes les pièces hovas parlèrent, même celles qui étaient hors de portée ; les nôtres parlèrent moins, mais plus judicieusement, et quelques obus à mélinite bien ajustés répandirent l'effroi et la mort parmi nos adversaires. Cependant quelques-uns de leurs canons, dont le tir avait été évidemment repéré et qui avaient été pointés par des mains expertes, eussent pu nous faire subir des dommages car, contrairement à ce qui se passait ailleurs, leurs projectiles arrivaient ; il est vrai qu'ils n'éclataient pas.

L'attaque décisive était seulement pour le lendemain, et la nuit on put voir sur les hauteurs les nombreux feux de bivouac de l'ennemi ; de temps à autre une courte fusillade rompait le silence dans l'obscurité, vraisemblablement quelques patrouilles qui échangeaient des coups ; ceci dura jusqu'au matin. Mais, au petit jour, quel ne fut pas l'étonnement de nos troupes après un instant d'observation : les rudes escarpements, les fortes tranchées, tout était vide de défenseurs ; ceux-ci, se dérobant à nous et trompant notre surveillance, nous avaient faussé compagnie avant d'attendre l'occasion de faire plus ample connaissance. Le même jour, 22 août, les Français occupaient Antribe.

Comme on l'a dit, Andribe n'est pas à proprement parler un village ; cette expression géographique désigne toute une région qui présente plusieurs agglomérations de cases indigènes. A proximité d'une de ces agglomérations, on établit le camp français.

Résultat acquis. — Nécessités pressantes.

Quoiqu'on eût mis tant de temps à y parvenir, Andribe est encore éloigné d'environ 180 kilomètres de la capitale. Ce point est à 750 mètres d'élévation et Tananarive est à 1400. Ces chiffres montrent qu'on n'était donc guère à cette époque qu'à moitié chemin de l'objectif final, tant par la distance franchie que par la hauteur escaladée ; à ces altitudes toutefois la chaleur était devenue supportable, et l'armée s'y trouvait au moins dans des conditions plus favorables pour opérer.

Cependant on était bientôt au mois de septembre, c'est-à-dire que la saison des pluies était proche. Encore deux mois et ce pays, en dépit de son climat meilleur, allait devenir inhabitable ;

d'autant plus qu'on n'y pouvait avoir d'installation vraiment confortable; et surtout il serait impraticable jusqu'à la saison sèche suivante, tellement que toute opération militaire devrait y être suspendue. Encore deux mois. On en avait mis six pour arriver en ce point d'Andribe : à une allure pareille, le temps était trop court.

En outre, le bout de chemin qui restait à parcourir présentait des obstacles tels que les témoignages les plus optimistes confessaient qu'il serait peut-être difficile d'y pratiquer les aménagements nécessaires en vue du passage des voitures et que déjà, comme on l'a vu, on venait de renoncer à poursuivre les travaux de la route carrossable.

Mais surtout la fatigue des troupes était extrême et l'on voyait chaque jour les effectifs diminuer. Elle ne résultait pas seulement de la marche, accomplie en somme assez lentement; elle était plus encore la conséquence des besognes de toutes sortes, dont il sera parlé par ailleurs, auxquelles il avait fallu se livrer pour rendre cette marche possible, et aussi du long stationnement (jusqu'en août) de l'armée dans le bas Boëni. A ces causes générales s'en ajoutait une autre, particulière à la zone montagneuse, par suite du moindre rendement du service de ravitaillement dans cette région difficile; c'était la nourriture moins abondante, le manque de pain, remplacé par du pain de guerre ou biscuit, le manque de vin et aussi de denrées et de matériels divers moins universellement utiles mais qui eussent été d'une précieuse ressource pour le traitement des malades.

A cette heure, on ne comptait plus les bataillons d'infanterie qu'à une moyenne de 400 soldats au lieu de 800 et toutes les unités étaient en proportion. C'était donc peu d'hommes valides qui restaient dans la main des chefs : six à sept mille peut-être, desquels il fallait déduire tous ceux qu'on avait laissés en arrière pour tenir garnison dans le pays conquis et garder les différents postes de la lignes d'étapes de Majunga à Andribe ; soit en définitive 4,000 hommes seulement disponibles pour monter à Tananarive.

Dans de telles conditions, on ne pouvait pas songer, sous peine d'arriver devant la capitale en forces tout à fait insuffisantes, à exécuter cette opération d'une manière régulière, c'est-à-dire en garnissant de troupes comme on l'avait fait jusqu'ici les points importants sur la route à mesure que l'on s'en emparait et qu'on avançait. On prit alors une résolution hardie que commandaient cette nécessité et toutes les autres et dont l'exécution allait faire la gloire de la campagne.

Résolution de la colonne volante.

Il n'y avait pas trop de ces 4,000 hommes pour atteindre victorieusement le but. On décida donc que la totalité de cet effectif d'hommes valides partirait pour Tananarive. Ils allaient agir isolément sans se préoccuper de l'arrière, en *enfants*

IV. — PREMIÈRE PARTIE DE L'EXPÉDITION (SUITE). 47

perdus, comme on dit, et sans plus aucun lien avec les troupes qui restaient sur la ligne d'étapes. Assez légère, cette colonne marcherait vite et son intervention assurait un dénouement rapide et prochain.

Les Hovas cependant se plaisaient à penser que, puisque nous avions mis six mois à faire une moitié du chemin, nous en devions mettre tout autant à faire l'autre. Ils n'imaginaient pas surtout que nous avions laissé le travail de la route, et la considération de l'œuvre gigantesque qui nous restait à accomplir contribuait à les enfoncer dans leur erreur. Du même coup, ils se croyaient hors de danger, tout au moins pour cette année-là, calculant que la pluie nous arrêterait en chemin ; peut-être même supposaient-ils que nous ignorions cette circonstance climatérique et fondaient-ils là-dessus l'espoir de succès futurs et d'une revanche. Ils n'allaient pas tarder à en revenir durement.

Toutefois, avant que la décisive colonne partît, il était nécessaire d'accumuler à Andribe les ressources en vivres et en munitions qu'elle allait emporter avec elle. Cela exigeait un stationnement comme on avait fait à Suberbieville, mais il fut de plus courte durée : d'abord les effectifs étaient moindres ; puis les approvisionnements mêmes furent réduits au strict indispensable. Quinze jours après l'occupation d'Andribe, vers le milieu du mois de septembre, la *colonne volante*, comme on l'appela, était prête à se mettre en route.

V

LA ROUTE CARROSSABLE

Il est temps, avant d'aller plus loin, de revenir sur nos pas au contraire et de considérer avec l'admiration qu'elle mérite une autre partie de la besogne que les Français eurent à abattre et qui n'est pas celle dont il y ait le moins raison de tirer gloire. Il s'agit principalement de cette route carrossable désormais fameuse, dont il vient d'être ici déjà plusieurs fois question.

Les transports à dos d'hommes.

Avant la guerre, les habitants de Madagascar ignoraient en général, ainsi qu'on l'a dit, l'emploi des bêtes de somme pour porter ou tirer les fardeaux. Ils ont des esclaves à cet usage et, quand ils voyagent, c'est par le moyen de brancards d'un genre spécial, appelés *filanjanes*, mis à dos d'hommes, qu'ils se transportent eux et leurs bagages; ou encore ils vont simplement à pied; mais l'homme, à l'aide du brancard, porte sans grande fatigue 30 à 40 kilos.

V. — LA ROUTE CARROSSABLE.

Les routes malgaches.

Aussi se ferait-on une bien fausse idée de la grande route de Majunga à Tananarive si on se l'imaginait semblable à nos routes nationales ou seulement à nos chemins ruraux, même les plus misérables, où l'on peut faire passer les animaux et les voitures. Il n'y a là-bas qu'un sentier, qu'une piste marquée dans la brousse par le pied des voyageurs, quelque chose comme le sillon non ensemencé qu'on ménage quelquefois dans un champ pour permettre de le traverser. Et, bien entendu, on n'y va pas par quatre comme en colonne de route chez nous, ni davantage par deux à moins que l'un des deux consente à marcher sur les herbes plus ou moins enchevêtrées et sur le terrain désuni à côté de la trace qu'on suit, ce qui ne tarde pas à fatiguer. Il faut se mettre l'un derrière l'autre, en file, et l'habitude en est telle chez les indigènes que, s'ils sont à plusieurs, même alors que la route leur présente par exception assez de largeur, il ne leur vient jamais à l'idée qu'ils pourraient y marcher côte à côte.

Or un homme qui voyage à pied passe où des bêtes de somme et surtout des voitures ne passent pas : des pentes escarpées le retardent à peine, au besoin il s'aide de ses mains et il escalade; une coupure, une ravine entre deux parois plus ou moins hautes et abruptes, si elle est étroite, un tronc d'arbre jeté en travers lui suffira pour la franchir ; de même d'un ruisseau ; si elle est large, il trouvera toujours le moyen d'y descendre et de remonter de l'autre côté ; les grosses rivières ne l'arrêtent pas, même sans un gué, car il peut se mettre à la nage, ou encore la moindre des embarcations le portera d'un bord à l'autre. Tel était, en effet, le voyage par l'ancienne route de Majunga à Tananarive.

Le voyage de Tananarive avant la guerre.

Toutefois, lorsqu'on se rendait par cette route de la côte à la capitale, on n'employait la voie de terre que bien rarement d'un bout à l'autre. Des boutres qui s'avançaient dans la Betsiboka amenaient le voyageur jusqu'à Maroway. Puis, en pirogue, parce que les fonds devenaient alors très bas, il remontait le fleuve jusqu'à Suberbieville ; c'était une traversée assez longue dans ce sens, très courte dans l'autre, à la descente, mais, dans les deux cas, préférable au parcours à pied ou à dos d'hommes, s'il y avait d'importants bagages ; les pirogues portent en effet 6, 8 et jusqu'à 10 tonnes. Enfin le reste de la route était abattu en filanjane ; mais, comme on voit, grâce à la voie d'eau, le voyage par ce dernier mode de transport était beaucoup diminué.

Les voitures Lefèvre.

Pour la guerre, il y avait à organiser le service du ravitaillement.

On ne put pas utiliser tout de suite la voie d'eau. On n'avait pas assez de porteurs pour user de la ressource indigène des filanjanes. On pensa aux bêtes de somme, aux mulets de bât; mais un mulet, qui mange 6 ou 7 kilos par jour et qui en peut porter à peine un peu plus de 100, s'il lui faut faire une colonne de deux à trois semaines dans un pays sans ressources, a dans sa charge tout juste de quoi vivre. On se décida alors pour des voitures, les voitures Lefèvre, sortes de petites charrettes de fonte que traîne un mulet et grâce à quoi il peut transporter 200 kilos.

La route carrossable.

Seulement, pour faire passer des voitures, il fallait qu'on aménageât les routes de Madagascar. Une voiture ne circule pas sur des pentes de plus de 16 à 17 centimètres par mètre; de là la nécessité d'adoucir les montées et les descentes, de déblayer, de faire des tranchées, comme dans nos routes de France, d'établir des lacets dans les parties les plus escarpées, c'est-à-dire des tracés en zig-zag comme encore dans nos routes en pays de montagne. Puis à une voiture, même très petite, il faut une voie assez large pour aller à l'aise et d'autant plus qu'on prévoit en général que deux voitures pourront se croiser; l'étroite piste marquée dans la brousse par le pied des voyageurs ne satisfaisait pas à ces conditions; de là encore des terrassements et accessoirement des débroussaillements. Enfin une voiture ne nage pas ; pour passer une rivière, s'il n'y a pas un gué, et un gué qui présente très peu de hauteur d'eau, il lui faut un pont ou tout au moins une embarcation assez grande ; et sur la moindre ravine, sur le moindre ruisseau aux bords un peu abrupts, il faut jeter une passerelle. Tels furent aussi les travaux de toutes sortes qu'accomplirent les troupes françaises pour livrer une route moins à elles-mêmes qu'à leurs équipages et l'on peut dire qu'on est arrivé à Tananarive plus à l'aide de la pioche et de la hache qu'à l'aide des fusils et des canons.

Le voyage de Tananarive pendant la guerre.

On reviendra en détail sur ces travaux, mais auparavant on placera ici, en pendant de ce qui a été dit de l'ancien voyage de Majunga à Tananarive, quelques mots sur ce même voyage tel qu'on vint à le faire au cours de la campagne. Bien qu'on eût exécuté la route carrossable en commençant dès Majunga parce que, encore une fois, on ne pouvait pas utiliser tout de suite la voie d'eau, on s'était néanmoins occupé d'organiser aussi un service fluvial pour les transports et, aussitôt qu'il fonctionna, on suivit la coutume indigène de ne plus employer la voie de terre que bien rarement d'un bout à l'autre. Des navires d'un assez gros tonnage, qui s'avançaient comme les boutres dans la Betsiboka, ame-

V. — LA ROUTE CARROSSABLE.

naient leur important chargement non plus jusqu'à Maroway dont le port, placé sur un affluent du fleuve à quelque distance du confluent, n'est pas très accessible, par suite de cette situation même, mais jusqu'en un point, appelé Ankaboka, en face de Maroway, sur l'autre rive. Ensuite c'étaient les canonnières ; elles remontaient jusqu'à proximité de Suberbieville, plus rapides que des pirogues surtout à l'aller grâce à leur machine à vapeur, plus puissantes aussi sans avoir cependant un plus fort tirant d'eau : elles pouvaient remorquer un chaland chargé à 25 tonnes et quelques-unes en remorquaient deux à la fois. Au delà il n'y avait plus que la voie de terre et par conséquent les voitures Lefèvre ; elles allaient jusqu'au bout de la route carrossable, c'est-à-dire jusqu'à proximité d'Andribe. On verra d'autre part comment l'armée française franchit ce qu'il restait ensuite pour arriver à Tananarive.

Les travaux.

Les travaux de la route ont été de deux sortes :
1° Les ponts jetés par le génie sur les cours d'eau qui barraient le passage ;
2° Les terrassements, déblais, établissements de lacets auxquels ont pris part tous les corps qui composaient la division d'expédition.

Les ponts.

Il y a surtout trois grands ponts : celui de Maroway sur la rivière de ce nom ; celui du Kamoro, autre rivière qui se jette dans la Betsiboka, à peu près à moitié de la distance entre Maroway et Suberbieville ; enfin celui de la Betsiboka, le plus grand de tous, près du confluent du fleuve et de son gros affluent l'Ikopa. Ce pont n'a pas moins de 360 mètres de longueur ; il est en bois et bâti sur chevalets. On n'avait plus construit de pareil pont en campagne depuis les guerres de Napoléon. A la compagnie du génie qui en fut chargée, il ne restait que quelques hommes quand le travail fut achevé.

Telle fut d'ailleurs la mesure durant toute la guerre de l'activité courageuse et du dévouement des *sapeurs*. Venus d'abord à 800 à Madagascar, il n'y en eut bientôt plus guère qu'une centaine après surtout ces travaux de pont où il fallait travailler dans l'eau ou encore dans des terrains détrempés. D'importants renforts leur vinrent de France, dont les volontaires furent éprouvés par le mal dans la même proportion que leurs prédécesseurs, et l'on peut dire que l'arme du génie n'a pas fourni moins de 1200 hommes à l'expédition ; c'est le sixième de l'effectif qui en était alors sous les drapeaux. Tant par l'œuvre remarquable qu'elle a accomplie que par ce généreux sacrifice, elle s'est conquis là-bas un impérissable titre de gloire.

Les terrassements.

Les terrassements étaient naturellement la partie

la plus longue et la plus importante du travail de la route, et non moins dangereuse, comme on va voir, que le travail des ponts. Ils avaient pour effet d'aplanir la route par des tranchées et des lacets, et aussi de l'élargir à la demande des voitures ; en principe, elle devait avoir cinq mètres pour que deux convois puissent s'y croiser.

On ne gratte pas impunément la terre dans les pays vierges comme l'était celui de Madagascar. La maladie ne tarda pas à faire ses ravages parmi nos travailleurs ; à ce point de vue, il convient de distinguer le tronçon du bas Boëni et le tronçon de la région montagneuse.

Dans le bas Boëni, bien que relativement plat, il y a cependant des parties accidentées où il fallut pratiquer d'importants déblais. Mais, surtout, le sol est particulièrement marécageux et les émanations qui s'en dégagent sont absolument pestilentielles. C'est là surtout qu'on se bat avec la fièvre et, si tout le monde n'est pas immédiatement atteint, on n'évite guère d'y contracter quelque germe morbide qui se fera sentir plus tard.

Dans la région élevée, le pays est peut-être plus sain, mais alors la besogne devient extrêmement dure et, s'il est permis de le dire, décevante. Cette région ne présente pas, comme on pourrait le croire, les agréments pittoresques ordinaires en pays de montagnes ; c'est un moutonnement sans fin de hauteurs abruptes, sans végétation surtout, presque sans habitations, où il n'y a rien qui distraie l'esprit ni ne le repose ; parmi ces points de vue dénudés, la route se déroule pliée au terrain avec de continuels hauts et bas dont les différences sont de 50 mètres et même davantage. Lorsque le travailleur, à l'aide de la pioche, est enfin parvenu sur un sommet, devant lui il en voit un autre tout semblable, le V d'une descente et d'une montée toutes semblables à celles sur quoi il vient de peiner durement ; comme si, par quelque enchantement, tout à coup sa tâche avait été détruite et qu'il fallût la recommencer toute semblable ou même encore plus difficile ; et toujours ainsi, sans que rien marquât d'une manière bien sensible le progrès tout de même accompli et sans qu'on pût imaginer en quelque sorte où cette besogne ardue finirait jamais. On doit s'arrêter à ces choses non pour plaindre, mais pour admirer : ce n'est pas seulement par un tempérament solide qu'on résiste à de telles épreuves ; il y faut surtout un cœur bien trempé, inaccessible au découragement, un caractère toujours égal, un moral rude ; aussi bien, se laisser abattre, c'était prêter le plastron à la maladie ; pourtant, bien des courageux y sont morts.

Distribution du travail.

Comme on l'a dit, toutes les troupes du corps expéditionnaire ont collaboré aux terrassements. Les blancs travaillaient seulement le matin pour qu'ils n'aient pas trop à souffrir du soleil. Les noirs travaillaient soir et matin, mais ils ne montaient pas la garde la nuit.

Le travail était réparti par tronçons, chaque corps ou unité fractionnaire ayant son tronçon à exécuter ; et, par l'achèvement et la jonction de tous ces tronçons, la route se trouva constituée.

Développement de la route.

Elle va de Majunga à quelques kilomètres au-dessous d'Andribe, avec un développement de près de 75 lieues ; elle ne résulte pas entièrement d'aménagements apportés à l'ancienne piste ; sur d'importantes parties de sa longueur, elle a un tracé particulier et c'est bien une nouvelle route qui a été construite. Il n'a pas fallu exécuter moins de 60,000 mètres cubes de déblai pour en venir à bout ; ce serait de quoi combler un immense trou rond qui aurait 10 mètres de largeur et près de 800 mètres de profondeur. A vrai dire, on ne s'était pas attendu à devoir remuer de tels volumes de terre et les gens qui avaient déjà fait le voyage ne l'avaient pas calculé ainsi. Cependant, rien qu'au point où a été abandonné le travail, il y avait encore de considérables terrassements à pratiquer pour rendre carrossable une longueur assez faible et l'on aima mieux y renoncer. D'ailleurs, sur les dernières pentes où l'on était alors arrivé, même adoucies dans la mesure du possible, les voitures ne circulaient plus qu'avec la plus grande difficulté et il fallait parfois les atteler à deux mulets pour leur permettre des ascensions qui demeuraient néanmoins pénibles ; dès lors, il n'y avait plus d'avantages à employer ce mode de transport, puisqu'il n'avait eu jusqu'ici d'autre raison que de permettre de doubler la charge des animaux ; on avait donc aussi renoncé aux voitures ; du même coup, la route carrossable n'avait plus aucune utilité.

Utilisation de la route.

Il restait à employer cette route et à y organiser le service des transports. Ce service nécessite deux sortes de convois : des convois qui montent, dont le chargement est en approvisionnements et en matériel destinés aux troupes de l'avant, c'est le service du ravitaillement ; des convois qui descendent, qui transportent surtout des malades, c'est le service des évacuations.

La circulation des convois fut réglée de la manière suivante : plusieurs postes, choisis sur la ligne d'étapes et convenablement espacés, furent désignés pour gîtes d'étapes ; à ces postes étaient attribués les voitures, les mulets et les conducteurs. Le matin, vers l'avant et vers l'arrière, des convois partaient du gîte d'étapes, au moins un convoi dans chaque direction, ou plusieurs s'il était nécessaire et si c'était possible ; ceux qui mon-

V. — LA ROUTE CARROSSABLE.

taient avaient, naturellement, des approvisionnements ; ceux qui descendaient, des malades. Le soir, chacun par leur côté, ces mêmes convois rentraient au gîte ; cette fois, les convois partis vers l'avant revenaient avec des malades et les convois partis vers l'arrière revenaient avec des approvisionnements. Sur chaque tronçon de la route, entre deux gîtes, deux convois se trouvaient ainsi dans la matinée aller à la rencontre l'un de l'autre ; ils se joignaient à mi-chemin, prenaient du repos et échangeaient leurs chargements ; dans la soirée, on se tournait le dos et chacun s'en revenait chez soi. C'est ce qu'on appela les *navettes*, en raison du mouvement de va-et-vient qui était celui de ces convois dans l'ensemble de la journée.

Difficultés.

Mais, à Madagascar, sur une seule route utilisable, et encore assez difficile, avec le matériel qu'on employait, ce n'était pas une chose aisée que de satisfaire, au point de vue de la circulation des voitures, à toutes les exigences de la situation. En effet, la distance qu'il est possible, dans ces conditions, de faire parcourir à un chargement, est restreinte de toutes les manières.

D'abord, on ne dispose pas de toute la journée : il y a les heures chaudes, de 10 heures à 3 heures environ, pendant lesquelles la marche serait extrêmement pénible et même dangereuse ; en principe, il faut la suspendre à ces heures-là.

Puis, le convoi ne peut pas être composé d'un nombre trop grand de voitures, car il tient sur la route une longueur qui écourte l'étape d'autant : si l'on veut, par exemple, être en grand'halte à dix heures du matin, c'est la dernière voiture qui doit arriver à cette heure-là, et non la première ; celle-ci doit arriver un certain temps plus tôt, et ce temps est juste ce qu'il en est nécessaire pour que tout le convoi s'écoule et forme le parc ; il y a ainsi à observer que le convoi ne soit pas trop long. Mais, en outre, sur une route improvisée comme était celle qu'on avait à parcourir, d'autres circonstances obligeaient à diminuer encore le nombre des voitures : en effet, si cette route avait été construite de manière à être carrossable, surtout en raison de l'adoucissement relatif des pentes elle était, s'il est permis de s'exprimer ainsi, le moins carrossable possible, et cela dans l'intention bien juste de réduire la peine des travailleurs ; autrement dit, elle était à coup sûr praticable aux voitures, mais non pas toujours sans quelques sérieuses difficultés. Alors, il se produisait très souvent aux convois de très notables allongements dont il fallait donc prendre l'éventualité en considération et il y avait à observer que ces convois fussent très courts, pouvant occuper encore ainsi une grande longueur sur la route.

D'ailleurs il n'était pas aisé, dans ces conditions de temps et de lieu, de faire partir plusieurs convois, car, en les espaçant même à quelques heures, on risquait, en cas d'allongement, que les dernières voitures d'un convoi en avant se trouvassent à un moment embarrasser et retarder les premières voitures d'un convoi en arrière. Puis il fallait alors que le premier au moins partît assez tôt dans la nuit, circonstance peu favorable à la marche et fatigante pour les convoyeurs. Enfin, comme il n'y avait qu'une route, on ne pouvait non plus remédier à cet état de choses en faisant passer par ailleurs un autre convoi.

D'autre part, le matériel Lefèvre n'avait qu'un faible rendement : ces petites charrettes portaient tout juste 200 kilos ; il en eût ainsi fallu 125 pour porter le chargement d'un seul chaland et les convois, pour les raisons qu'on vient de dire, n'étaient guère jamais composés que de 30 à 40 voitures. On les chargeait bien quelquefois à 400 kilos et on les attelait à deux mulets, mais alors les brancards, qui étaient assez fragiles, cassaient à la jointure avec la caisse et c'était une voiture hors de service.

Par quelle admirable activité parvint-on cependant à suffire aux besoins tout au moins les plus essentiels de l'armée de Madagascar, à ne laisser jamais personne mourir de faim sur l'ensemble de la ligne d'étapes et à approvisionner en quinze jours la colonne volante à Andribe ? C'est au train des équipages qu'il y a lieu de le demander, c'est à cette arme qu'il convient aussi d'en être grandement reconnaissant. Ce fut le fruit de son dévouement, ce fut son sacrifice à elle, presque obscur, mais non pas le moindre dont cette guerre ait donné des exemples. Ceux-ci étaient levés le matin avant le soleil, ils passaient tout le jour en route, toujours à cheval ou, en grand'halte, mal abrités contre les ardeurs meurtrières de midi; le soir, ils rentraient tard avec la nuit et ils recommençaient le lendemain. Quand ils ne furent plus en nombre suffisant, on les remplaça par de l'artillerie et de l'infanterie. Tous ont été beaucoup à la peine, peu à l'honneur, mais ils méritent qu'on les confonde dans une même gloire avec leurs camarades qui se distinguaient ailleurs, dans les combats, d'une manière plus éclatante, mais non pas à coup sûr plus courageuse.

Les hôpitaux.

Le service des convois n'était pas le seul duquel on eut à s'occuper sur la ligne d'étapes. Il y avait encore le service des hôpitaux auquel les infirmiers ne suffisaient plus; les hôpitaux de campagne, en effet, abritaient à certains moments un nombre de malades double de celui pour lequel leur personnel et leur matériel avaient été calculés. Ici, comme ailleurs, on suppléa à l'insuffisance des moyens par une activité plus grande et les médecins et leurs auxiliaires furent, dans ces circonstances, admirables. Mais à ce surmenage, ils ne pouvaient tenir toujours et on les vit peu à peu diminuer et disparaître; des hommes pris dans les corps de troupes remplacèrent alors les infirmiers et ils ne se montrèrent pas inférieurs à ceux qui leur avaient donné l'exemple.

Les services administratifs.

Et enfin il y avait les services administratifs dont les ouvriers se dévouaient comme tout le monde. Le service, par exemple, des boulangers qui travaillaient toute la nuit et ne se reposaient guère le jour était particulièrement pénible, et si l'on n'eut pas toujours et partout du pain dans l'ensemble du corps expéditionnaire, c'est non parce qu'on manqua de farine, mais parce qu'il n'y eut bientôt plus d'ouvriers pour la travailler.

On comprend maintenant ce qui a été dit plus haut. Stationnement ne signifiait point chômage ni repos. Travaux de route, travaux de convoi, des hôpitaux, des services administratifs, et il n'a pas été parlé ici de nombreux travaux accessoires tels que le chargement et le déchargement des bateaux, des chalands et des voitures auxquels étaient employés les soldats en l'absence et au défaut des coolies, manœuvres de force particulièrement pénibles dans ce mauvais climat; telles étaient les occupations multiples et rudes des troupes sur la ligne d'étapes. Il est permis d'en tirer cette leçon, que la guerre ne consiste pas seulement à faire le coup de feu et que la grandeur du soldat n'est pas uniquement qu'il s'expose aux balles : il lui faut s'attendre à des besognes comme celles dont il vient d'être donné le spectacle, il lui convient de préparer son courage contre de telles épreuves. Encore une fois, si elles sont moins éclatantes que celles qu'on imagine en général, elles ne sont pas moins glorieuses et c'est par une égale force, un égal caractère qu'on supporte celles-ci, dévouement de tous les jours, et qu'on brave celles-là, dévouement d'un moment parmi la griserie du combat.

VI

LA COLONNE VOLANTE

On a tenu à insister ici sur le tableau de la ligne d'étapes parce qu'on ne voit guère, en général, dans une campagne, que les combats qui en jalonnent l'histoire et que, si l'on a confondu dans les mêmes acclamations toute l'armée de Madagascar, tout le monde ne s'est peut-être pas rendu compte alors des épreuves d'un genre spécial qu'avait subies une grande partie de cette armée. A ces derniers, on vient donc de donner le souvenir et la part d'admiration qui leur reviennent; on peut maintenant regarder à l'aise la dernière colonne courir son héroïque aventure.

Les derniers obstacles de la route.

Il restait encore à franchir près de cinquante lieues avant d'atteindre Tananarive, et, si, des deux mystérieux alliés des Hovas, l'un, la Fièvre, n'était plus beaucoup à redouter, il y avait encore l'autre, le Pays, qui semblait accumuler de plus en plus ses obstacles parce qu'on approchait de l'Emyrne.

Deux principales barrières rocheuses se présentent sur la longueur de route qu'on allait maintenant parcourir : l'une, presque à la sortie d'Andribe ; elle s'appelle le plateau de Tafouf qui est suivi d'un étroit défilé, d'un boyau facile à défendre et par conséquent difficile si l'on veut s'y frayer un passage ; l'autre, plus éloignée, qui est comme la muraille de clôture du pays hova : c'est les monts Ambohimènes, d'une élévation de 1400 mètres.

En outre de la valeur militaire de ces obstacles, ils présentent de grandes difficultés à une colonne ayant avec elle, non pas même des voitures, car ils seraient en ce cas tout à fait impraticables, mais seulement des chevaux et des mulets, et rien qu'à l'intention des bêtes de somme on pouvait s'attendre à devoir y faire quelques pénibles travaux d'aménagement.

La garde de la reine.

Puis il était permis de penser que maintenant la résistance de l'ennemi allait être plus vigoureuse. On assurait qu'on n'avait pas encore eu affaire aux véritables guerriers hovas, mais à des auxiliaires recrutés plus ou moins de force dans les pays vassaux ; la reine avait voulu garder ses meilleurs défenseurs auprès d'elle et c'était ceux-ci bien armés, bien disciplinés et animés d'un vif sentiment patriotique qu'il fallait maintenant craindre de voir entrer en ligne. Qu'on sache tout de suite

VI. — LA COLONNE VOLANTE.

que le portrait de cette élite était dans ces propos un tant soit peu flatté ; néanmoins, il ne faut jamais trop mépriser son adversaire surtout lorsque c'est pour régler un effort d'après de vagues renseignements qui ne permettent que des suppositions. De fait, la colonne de Tananarive eut à livrer de fréquents et rudes combats.

Tels étaient les obstacles. On a dit ailleurs qu'il fut décidé qu'ils seraient franchis en *colonne volante*.

Définition de la colonne volante.

Une colonne volante est d'abord une colonne légère, c'est-à-dire une colonne qui peut marcher vite et qui peut aussi passer partout, rapide et mobile ; à cet effet, on la débarrasse de tout ce qui n'est pas indispensable en vivres, en munitions, surtout en campement et en habillement, et on la dote aussi de moyens de transports spéciaux comme de mulets en place de voitures. Mais le terme de colonne volante contient quelque chose de plus : il signifie encore que la colonne en question rompt toute communication entre elle et les troupes qui restent en arrière et qu'elle se lance en enfants perdus jusqu'à des distances parfois très grandes ; entre Andribe et Tananarive, c'était particulièrement considérable. Il faut ainsi qu'elle emporte avec elle des approvisionnements pour toute la durée de l'opération dont elle est chargée ; il faut, en outre, qu'elle se forme, une fois en mouvement, suivant un dispositif spécial pour être en état de se défendre contre des attaques qui peuvent naturellement se présenter également sur toutes les faces.

Organisation. — Le convoi.

A la première de ces conditions, ce n'était pas peu de chose que de satisfaire. On allait se trouver, sur la route de l'Emyrne, dans un pays désert et inculte, sans ressources, au point de vue de l'alimentation des troupes, tout au moins dans la plus grande partie du trajet. On prit vingt-deux jours de vivres, temps maximum qu'on s'accordait avant d'entrer à Tananarive; vingt jours étaient portés par le convoi uniquement composé de mulets, le reste sur le sac des soldats. Mais le convoi, constitué sur ces bases, ne comprenait pas moins de 2,500 mulets.

Pour conduire une aussi considérable troupe de bêtes de somme, au défaut du train des équipages dont les débris ne fournirent pas tout le contingent dont il était besoin, on s'adressa un peu à toutes les armes dont beaucoup d'officiers qui se trouvaient sans troupe furent ainsi employés à combler les vides. En dehors des convoyeurs indigènes, il n'y avait là presque rien que des officiers, comme dans cet illustre *escadron sacré* qui, en 1812, pendant la retraite de Russie formait toute la cavalerie de l'armée. Par allusion à ce fait mémorable et glorieux, le convoi de la colonne volante fut appelé le *convoi sacré*.

Les combattants.

Quant aux combattants proprement dits, ils étaient au nombre de 4,000 environ : tout ce qu'il y avait de cavalerie et à peu près tout ce qu'il y avait d'artillerie, du génie, le régiment d'Algérie, les deux bataillons noirs du régiment colonial, un bataillon du 200e et deux bataillons d'infanterie de marine.

Formation de marche.

Il s'agissait maintenant de faire monter ces effectifs en *file indienne* à Tananarive. Or, sur une route accidentée et coupée de toutes les manières comme l'était celle qu'on allait suivre, si l'on met en file 4,000 hommes et 2,500 mulets, avec les allongements qui peuvent se produire, ceux d'en avant se répercutant encore sur ceux d'en arrière, et d'autant plus que la colonne est plus longue et qu'il peut ainsi y avoir des allongements intermédiaires en plus grand nombre, on occupera avec une telle colonne 10 à 12 kilomètres de longueur. C'est-à-dire que, avec des journées de marche ne dépassant pas en moyenne ces 10 à 12 kilomètres, ainsi qu'on les avait calculées pour en mettre une vingtaine à faire le voyage, à chaque étape, la tête de la colonne devait être arrivée au gîte à une heure où la queue de la colonne ne serait encore qu'en train de quitter celui de la veille. Cela n'était peut-être qu'une petite difficulté, bien qu'elle obligeât toute une partie des troupes, à l'arrière, et notamment celle pour qui la marche est le plus pénible, le convoi, à faire l'étape au moment de la pleine chaleur ou à ne parvenir au gîte que fort tard, surtout dans le cas où la tête serait arrêtée par quelque résistance ou simplement par quelque obstacle. Mais, en outre, une colonne d'un pareil développement offrait considérablement prise à l'ennemi, s'il venait à escarmoucher sur nos flancs, et avait une lourdeur énorme s'il fallait faire face sur quelque côté à une attaque un peu sérieuse; même dans le cas le plus favorable d'un coup de main sans grande importance et facilement repoussé, il y avait là source à désordre et cause de retards notables.

Voilà pourquoi l'on fit des troupes de la colonne volante trois groupes qui ne partirent pas le même jour : l'avant-garde, le gros et l'arrière-garde, tous les trois d'égale force comme il convenait en prévision de l'éventualité d'une attaque sur un côté quelconque et, notamment, aussi bien en arrière qu'en avant. Ils devaient marcher non pas à une journée l'un de l'autre, mais à deux; on ne risquerait pas ainsi qu'un tronçon en arrière, à quelque heure qu'il arrivât au gîte, y rencontrât encore les dernières troupes du tronçon en avant, embarras à son écoulement et retard à son établissement au bivouac. Les journées étaient calculées, bien entendu, à raison de 10 à 12 kilomètres, soit une vingtaine de kilomètres entre chaque tronçon, longueur de route qui n'est pas tellement considérable qu'on ne puisse, surtout dans ces régions moins chaudes, la parcourir d'une seule traite dans un cas pressant; ainsi les différents échelons restaient parfaitement en état de se porter mutuellement secours et néanmoins ils ne s'embarrassaient point les uns les autres. La colonne se trouvait ainsi véritablement maniable et légère.

Départ de l'avant-garde. Premier combat (1).

Le 14 septembre, à 5 heures 1/2 du matin, l'avant-garde se mit en marche. D'abord, on eut à suivre une vallée resserrée; au fond, il y a une rivière large d'une cinquantaine de mètres et peu profonde; le sentier, étroit et encaissé, longe, en général, la rivière à flanc de coteau; trois ou quatre fois, il la traverse; on passe à gué, de l'eau à peine jusqu'aux genoux, le fond est de sable ou de galets. C'est une gorge pittoresque où grondent des rapides et de hautes cascades, mais le chemin y est difficile, coupé de trous et de ressauts et la marche y est surtout pénible pour les hommes chargés du sac et aussi pour les mulets de bât. On

---

(1) Une partie des détails qui suivent sont empruntés à deux intéressantes lettres publiées dans le journal le *Temps* (numéros des 3 et 27 novembre 1895).

VI. — LA COLONNE VOLANTE.

alla ainsi durant trois lieues. Il fallut alors qu'on gravît une côte raide : c'est la montée de Tafouf qui va s'élevant plus d'un kilomètre jusqu'à la hauteur de 300 mètres. Toutefois l'on marchait plus à l'aise, l'air était vif, l'horizon s'ouvrait, le chemin aussi était meilleur. En arrivant au haut des pentes, on est sur un plateau peu large, mais qui s'allonge environ deux lieues et demie; on voyait au loin, dans les fonds, à gauche, des prairies ou peut-être des marécages. On s'arrêta ce jour-là au bout du plateau en vue d'un défilé resserré où il allait falloir s'engager.

On avait devant soi une sorte de couloir géant entre deux murailles rocheuses de 400 mètres de haut; une colline escarpée, en arrière, le ferme; une rivière y coule, venue d'au delà, frayant le passage en quelque sorte, ouvrant la route, et contourne la colline à droite. On s'attendait à trouver l'ennemi dans cette position si facile à défendre; des reconnaissances l'avaient déjà signalé et du point où l'on était parvenu, il était possible d'apercevoir les nombreuses lignes rougeâtres des retranchements construits de l'argile du sol par les Hovas; il y en avait à droite, à gauche et sur la colline en arrière, croisant leurs feux, tous armés de canons; autour fourmillaient des points blancs, les uniformes de l'ennemi.

Le deuxième jour de la marche, dès 5 heures du matin, le jour commençant à peine, l'avant-garde s'avança à l'attaque. Elle formait trois colonnes dirigées l'une sur le centre le long de la rivière et les deux autres sur les flancs vers les murailles. La besogne semblait surtout difficile sur les flancs, presque inaccessibles; au centre toutefois l'ennemi avait pris soin d'embarrasser le passage à l'aide d'abatis, puis, sous les feux croisés de ses batteries, il parut un moment impossible d'avancer. D'ailleurs, le chemin par lui-même était difficile et notre artillerie, retardée par de nombreux ruisseaux, n'arrivait pas à prendre à l'action l'utile part qu'elle avait toujours eue en de semblables circonstances. On ne progressait guère. Cependant, malgré les obstacles, une colonne des flancs était arrivée sur la hauteur; des salves bien ajustées, une charge intrépide et nous sommes bientôt maîtres des retranchements de ce côté. Au même moment, nos canons entraient en ligne; ils n'eurent pas à tirer bien longtemps et la déroute des Hovas devint générale; à midi, on n'en avait plus de nouvelles, et, à 2 heures, les troupes françaises bivouaquaient sur leurs positions (15 septembre).

La colonne en route. — Passage des monts Ambohimènes.

Le lendemain et le surlendemain, on continua la marche sans événement. On suivait maintenant la vallée de la rivière par laquelle on s'était avancé dans le précédent combat; le sentier la longe, en général, à flanc de coteau, parfois il la traverse, mais surtout il traverse de même un grand nombre de petits ruisseaux qui coulent parmi des rizières et l'on avait souvent à se mettre les pieds dans l'eau. On remonta ainsi la rivière jusqu'auprès de sa source; dans la partie supérieure, la vallée en est assez encaissée; tout ce pays est plus curieux que beau; le chemin y est souvent difficile, il y faut grimper et descendre ou, pour mieux dire, dégringoler; ce sont de continuels tours de force, incroyables déjà de la part des hommes, mais bien plus encore de la part des mulets et des chevaux. Enfin, on arriva à un col.

De ce col où l'on s'arrêta, on a un tableau admirable. C'est, au fond, la fameuse barrière des monts Ambohimènes, derrière quoi il y a l'Émyrne et dont le grand sommet atteint près de 1500 mètres; en ce col, on en est encore à quatre lieues. En bas, une plaine avec des cultures de riz et dans la plaine, presque au pied du col, en travers de la route, une rivière coule rapidement, large d'une trentaine de mètres. Les monts Ambohimènes commandent la plaine d'une hauteur de 500 mètres; ils y prolongent en figure de rayons de roue des contreforts moins élevés qui forment chacun comme une marche d'accès hauts déjà d'une centaine de mètres; sur une de ces marches, on aperçoit un important village nommé Kinadji d'où partent un certain nombre de sentiers à travers la montagne; au-dessous, la plaine est encore légèrement accidentée. Et l'on apercevait aussi sur les pentes des monts Ambohimènes les longues lignes rouges de nombreux retranchements construits de l'argile de la terre par les Hovas, et l'on savait que sur cette extrême limite de leur territoire nos ennemis avaient résolu de vaincre ou de mourir. « Mais ce fut ni l'un ni l'autre (1) ».

On était le quatrième jour de la marche; maintenant les trois tronçons de la colonne étaient en route. On s'arrêta au col encore le jour suivant pour attendre le premier tronçon en arrière avec qui l'on voulait attaquer de concert les ouvrages de l'ennemi. Le renfort, accélérant sa marche, arriva ce jour-là qui était le cinquième; il descendit immédiatement dans la plaine et monta camper à Kinadji. Il devait quitter le village le lendemain avant le lever du soleil et exécuter un mouvement tournant, autant que possible sans être vu; cependant l'autre fraction se présenterait de front par le passage principal pour attirer sur elle l'attention. Cette manœuvre, bien exécutée le matin du 19 comme il était convenu, réussit au delà de toute attente : quand ils virent tout à coup les Français leur arriver en flanc, les Hovas, qui ne s'étaient occupés que de ceux arrivant en face et qui leur avaient opposé une canonnade d'ailleurs hors de portée, sans plus se défendre, abandonnèrent aussitôt leurs fortifications et ce fut de leur côté une déroute dans laquelle nos cavaliers essayèrent

(1) Journal le *Temps,* numéro du 3 novembre 1895.

en vain de donner la chasse aux fuyards. On poussa au delà des positions ennemies, au delà des grands sommets, au delà des pentes qui sont très brusques sur cet autre versant et l'on campa au pied des monts, nos avant-postes sur une petite rivière, nommée l'Antoby, qui trace la frontière de l'Émyrne. Le lendemain, on y prit du repos.

L'Émyrne.

Le jour suivant, qui était le huitième depuis le départ d'Andribe, on reprit la marche qui amena cette fois la colonne, par un chemin diversement accidenté, en un village, au-dessus d'une rivière assez large, où il y a de véritables maisons, quelques-unes à deux étages. Le pays, qu'on avait eu le temps d'apercevoir du haut des monts Ambohimènes et qu'on traversait maintenant, n'était plus le demi-désert misérable d'auparavant : quoiqu'il n'y pousse pour ainsi dire pas d'arbres, il y a cependant pour réjouir les yeux des pâturages, des terrains cultivés, de nombreux groupes d'habitations, et non plus les cases en bois ou simplement en feuilles, les huttes des indigènes de l'autre région, mais de véritables maisons, encore une fois, construites d'un ciment spécial appelé *pisé* ou même de briques, qui ont un faux air de chalets. C'était un spectacle bien nouveau pour les troupes, avec des apparences d'une prospérité dont l'image était oubliée depuis longtemps.

A vrai dire, bien des points étaient dévastés, les villages brûlés, les troupeaux enfuis ; l'ennemi faisait le vide entre lui et nous. On marcha encore deux jours sans le rencontrer ; le dixième jour de la marche, on s'arrêta au pied d'une montagne, en arrière d'un cours d'eau qu'on passe à gué au sommet d'une cascade.

Récit d'un témoin (1).

« 23 *septembre* (2). — Au moment où notre
« avant-garde, dit un témoin, s'apprêtait à gravir
« la montagne, deux cents Hovas embusqués der-
« rière des rochers ouvrirent le feu sur les éclai-
« reurs. Nous dédaignâmes de répondre, mais,
« comme nous n'avions pas de temps à perdre, il
« nous suffit, pour déblayer la route, de figurer
« avec une compagnie un mouvement tournant et
« de mettre quelques canons en batterie ; les Hovas
« n'attendirent pas les obus ; ils détalèrent. Nous
« les suivîmes et, arrivés sur les sommets, nous
« aperçûmes au loin 2,000 *lambas* (3) blancs se
« retirant en plus ou moins bon ordre. Sans perdre
« le contact avec l'ennemi, nous allâmes établir
« nos bivouacs dans une grande plaine nue,
« désolée, déserte, à quelques kilomètres d'une
« grosse montagne à trois têtes, les flancs encom-

---

(1) Journal le *Temps*, numéro du 27 novembre 1895.
(2) Onzième jour de la marche.
(3) Vêtement malgache.

« brés de rochers, la silhouette torturée et grima-
« çante, l'aspect lugubre ; sur les crêtes et sur les
« pentes de ce mont difforme et pelé, c'était une
« fourmilière de Hovas. Ils y installèrent leur camp
« en carré suivant leur habitude, comme s'ils
« comptaient rester là indéfiniment ; le soir, ils
« allumèrent de nombreux feux de bivouacs pour
« faire pendant aux nôtres et à coup sûr pour nous
« narguer.

« *24 septembre*. — Il a suffi de quelques recon-
« naissances pour faire plier bagage à nos adver-
« saires. Le redoutable carré n'a pas résisté à
« quelques coups de feu. Les voilà partis ; nous,
« nous restons.

« Les reconnaissances reviennent sans avoir pu
« gagner les Hovas ; elles ramènent en revanche
« un fort butin : bœufs, cochons, moutons, volailles,
« et un groupe d'habitants qui s'étaient cachés
« dans une caverne.

« *25 septembre*. — Nous voilà défilant le long de
« la montagne. Pas trace d'ennemis. Les villages
« sont de plus en plus nombreux ; dans la vallée et
« sur les sommets tous sont fortifiés : fossés bordés
« de cactus, ceinture de murailles d'argile. Au loin,
« près des maisons, de petits tas blancs immobiles ;
« ce sont les habitants accroupis dans leurs lambas
« qui nous regardent passer à distance respec-
« tueuse. Nous bivouaquons au pied de Babay,
« village perché sur une haute colline. De là, on
« n'est plus qu'à trente kilomètres de Tananarive.

VI. — LA COLONNE VOLANTE. 79

« Le but se rapproche et les Hovas aussi ; ceux-ci
« semblent se retirer pas à pas : eux et nous cam-
« pons face à face à quatre kilomètres de distance ;
« ils sont en ce moment à Sabotsy, retranchés der-
« rière des murs et des rochers et possèdent une
« assez forte artillerie ; on dit qu'une partie de la
« garde royale est avec eux. Comment cette garde
« se comportera-t-elle demain ? Car demain il y
« aura une chaude journée ; tout l'indique : la
« nature du pays, la proximité de l'ennemi, le voi-
« sinage presque immédiat de la capitale. »

Journée du 26 septembre. — Tananarive.

D'ailleurs, des correspondances de Tananarive avaient depuis déjà longtemps annoncé qu'à Babay ou dans la région voisine toute la population de l'Emyrne viendrait patriotiquement nous barrer la route. C'était vraisemblablement bien exagéré. Cependant, le 26 septembre, on se heurta à des forces nombreuses et à une résistance considérable.

La colonne leva le camp vers six heures. A huit heures et demie l'avant-garde se présentait sur un petit plateau que dominent de toutes parts, avec un commandement de cent mètres parfois, des hauteurs en amphithéâtre ; en un point, mais assez en arrière et sur la droite, il y a le village de Sabotsy où l'on savait qu'étaient les Hovas. A ce moment, on reçut à la fois plusieurs décharges à petite portée

de fusil et des obus, dont le tir était évidemment repéré, partis des batteries ennemies placées sur les points élevés ; il y eut aussitôt six blessés de notre côté. « Nos troupes étaient trop aguerries
« pour s'émouvoir ; elles ripostèrent de trois côtés
« par des feux de salve bien et rapidement exécutés.
« L'artillerie hâta sa mise en batterie. Bien que
« dominés de toutes parts, nous répondîmes à
« toutes les attaques. Alors ce fut dans la mon-
« tagne un crépitement de poêle à frire, un roule-
« ment de tonnerre, un ronflement d'obus et
« d'éclatements formidables. Enfin les Hovas
« lâchèrent pied ; ils ne savent pas tenir au canon.
« De tous côtés nous les vîmes courir sur les sen-
« tiers, escalader les escarpements, franchir les
« roches accumulées sur les montagnes, se défiler
« dans les anfractuosités. » On envoya à la poursuite un bataillon d'infanterie qui prit possession des hauteurs ; de l'autre côté, il put apercevoir une grosse rivière et au delà une immense plaine dans laquelle fuyait l'ennemi : c'est la rivière et la plaine de l'Ikopa ; à partir de ce point, le cours d'eau est de nouveau proche de la route. Le long des hauteurs qui la bordent, le bataillon se rabattit ensuite suivant la direction générale de la marche et servant de flanc-garde à la colonne.

Cependant on avait laissé cette région sur la droite ; on était descendu dans une vaste rizière, et l'avant-garde était au pied d'une longue colline qu'elle s'apprêtait à franchir. A ce moment,

VI. — LA COLONNE VOLANTE.

l'ennemi se fit voir au sommet; toutefois il disparut sans tirer un coup de feu. « Aussitôt nous
« gagnâmes la crête. Alors nous aperçûmes sur
« notre gauche au Nord, dans des rizières, dans
« la plaine où paissent de nombreux troupeaux
« et où les maisons se pressent comme dans un
« véritable faubourg de grande ville (1), près
« des villages, partout en un mot, une masse
« confuse de fuyards, ici agglomérée, là disséminée.
« On ouvre le feu ; les balles par salves
« arrivent juste dans les groupes de lambas blancs.
« Beaucoup tombèrent. L'artillerie se mit de la
« partie et l'infanterie vint continuer dans la plaine
« les feux de salves commencés sur la colline. Tout
« fuyait devant obus et balles : les soldats, les
« habitants, les bœufs. » Mais surtout, au haut de
la colline, un spectacle plus réconfortant encore
que celui de cette déroute avait frappé les yeux des
troupes françaises : vers leur droite, au loin, au
Sud, dominant l'autre plaine que borde sinueusement
l'Ikopa, enfin, elles avaient aperçu Tananarive
et l'éblouissement, sous le grand soleil, de ses
toitures en métal. Quelle émotion de légitime
orgueil ne leur fut-il pas donné de ressentir, qui
dut les payer de bien des misères dont elles avaient
souffert jusqu'à ce jour, à découvrir alors la capitale
aussi proche, aboutissement dernier de leurs
efforts, à voir qu'elles foulaient, au sens propre du

---

(1) Colonel de Beylié.

mot, bien décidément et elles les premières, cette terre inviolée, redoutable et mystérieuse, défendue par son triple rempart de fièvres, de montagnes et de guerriers : l'Emyrne, bientôt Tananarive et le Palais d'Argent (1), ces lieux, aux noms étranges et harmonieux, comme on en entend dans les contes, où il y avait une jeune reine sous la garde d'un vieux ministre.

« L'avant-garde, ayant chassé devant elle le
« troupeau des fuyards, continua sa route. Le
« général Metzinger suivi ce jour-là, en outre de
« ses officiers d'ordonnance, de trois officiers du
« quartier général, s'était porté à chaque instant
« depuis le matin à hauteur de la pointe. Toujours
« en tête, il descendait une longue pente quand
« des obus vinrent tomber près de lui et du petit
« groupe de son état-major. Ils partaient d'un
« village bien connu, situé sur une petite colline
« à l'Est, Ambohipiary, où est née la reine. Le tir
« était admirablement réglé et les obus tombaient
« au milieu d'un bataillon heureusement dispersé
« en tirailleurs ; ils ne nous tuèrent qu'un homme
« et, comme le matin, dès que notre artillerie eut
« envoyé quelques projectiles, ils commencèrent
« à battre en retraite. Enfin, à midi, nous bivoua-
« quions sur les dernières positions de l'ennemi. »

---

(1) Le palais de la reine.

VI. — LA COLONNE VOLANTE.   83

Manœuvres autour de la capitale.

Le lendemain il y eut repos. « J'allai, dit un
« témoin (1), visiter Ambohipiary évacué par les
« Hovas. Il est fort pittoresque ce village sur une
« hauteur pointue, hérissée de blocs de granit,
« coupée de vastes tranchées, ravinée par les
« pluies. De là, on aperçoit l'Ikopa, la vaste plaine
« qu'il arrose et tout le flanc ouest de Tanana-
« rive. » — « La ville se présente sous son plus
« bel aspect et se développe sur ses trois collines
« qui se dressent au milieu de la plaine. Les tours
« des palais et des églises, les clochetons coiffés de
« toitures en métal produisent vraiment grand
« effet (2). » Les maisons qui s'accrochent aux
pentes sont à plusieurs étages, construites en
briques ou en pierres ; sur les sommets, il y a des
hôtels, des monuments, parmi lesquels on distingue
surtout la cathédrale catholique, le palais du ministre et le palais de la reine. En bas, ce sont d'im-
menses rizières bien cultivées que traversent des
voies carrossables, et de toutes parts on voit des
villages de briques avec leurs églises, et aux abords
de la grande ville des maisons à l'européenne et
des villas.

« Mais du haut d'Ambohipiary, ce qu'il y avait

---

(1) Journal le *Temps*, numéro du 27 novembre 1895.
(2) Colonel de Beylié.

« de plus curieux, c'était la vue simultanée des deux
« armées adverses, séparées par la longue colline
« où j'étais perché. Que cette colline disparût, et
« les deux armées se trouvaient face à face. »

Ce jour-là, le troisième tronçon resté jusqu'ici en arrière-garde rejoignit ; toute la colonne légère se trouvait maintenant dans la main de ses chefs, en force pour marcher à la dernière attaque qui allait nous livrer la capitale. On était au quatorzième jour de la marche.

Le quinzième jour, on marcha vers l'est pour gagner la ville sainte des Hovas, nommée Ambohimangue. On eût pu, au lieu de cette manœuvre, continuer vers le sud, droit sur Tananarive, dont on n'était plus guère qu'à une quinzaine de kilomètres ; mais, de ce côté, le terrain est trop découvert et mauvais à cause des rizières inondées. Au contraire, par Ambohimangue passe une route qui permet d'aborder la ville du côté du nord et de l'est où le terrain est accidenté et plus propice de toutes les manières. La colonne défila donc par le flanc devant Tananarive, gardée à droite du côté de l'ennemi par un bataillon et une batterie. Cette flanc-garde n'eut d'ailleurs à intervenir que pour prêter main-forte aux conducteurs et aux gendarmes du convoi, où l'ennemi vint escarmoucher pendant un moment ; il y eut cinq des nôtres blessés, puis la marche s'acheva sans autre événement. On n'entra pas dans Ambohimangue, mais on bi-

vouaqua à proximité; de loin, on vit « la haute col-
« line où, parmi des arbres, se dissimule la ville
« sacrée. »

« 29 *septembre*. — Aujourd'hui, nous ne devons
« nous déplacer que de neuf kilomètres et bivoua-
« quer au sud d'un village de l'est, nommé Ilafy,
« pour demain nous jeter sur Tananarive. Notre
« petite cavalerie éclaire l'avant-garde; le terrain,
« quoique parfois difficile, est plus praticable qu'il
« ne l'a été depuis le départ, aussi nos cavaliers
« ont-ils beau jeu et se multiplient-ils. Tout d'abord
« la marche s'opère tranquillement. Des villages
« sont déserts; dans d'autres, les habitants oisifs
« nous regardent curieusement passer. En un point
« où se tient un marché, la tête d'avant-garde,
« arrivant sur la place, se laissa prendre à ces
« apparences et reçut des coups de fusils des indi-
« gènes qui semblaient vouloir l'accueillir pacifi-
« quement; un officier et trois hommes furent
« blessés.

« Puis on passe une rivière à gué; il y avait là un
« pont de bois qui a été détruit. L'avant-garde
« monte sur une colline; au sommet, elle reçoit
« des coups de canon tirés d'un autre sommet en
« avant. Elle ne s'en porte pas plus mal, au con-
« traire, puisqu'elle trouve dans cette attaque inat-
« tendue une énergie nouvelle pour pousser plus
« loin. Mais les canons se taisent. C'est que les
« Hovas ont aperçu les mouvements combinés des

« troupes françaises : une colonne suit la route
« venant d'Ambohimangue, une autre la flanque à
« gauche marchant sur Ilafy, une autre encore la
« flanque à droite. Ils ont toujours peur d'être
« tournés, et à la moindre menace de ce genre ils
« décampent.

« Entre temps, nous aperçûmes à droite et au
« loin dans la plaine une masse d'ennemis. C'étaient
« des troupes qui nous avaient attendus vainement
« par l'ouest et qui regagnaient Tananarive. On
« envoya dans le tas quelques obus, les coups por-
« tèrent et accélèrent la retraite.

« Mais pour nous établir au sud d'Ilafy, nous
« dûmes déblayer le terrain autour de nous jus-
« qu'à une distance de quatre ou cinq kilomètres.
« Ainsi les troupes manœuvrèrent toute la journée
« et les coups de fusils ne cessèrent qu'à la nuit.

Combat et capitulation de Tananarive.

« 30 *septembre*. — Quelques lignes de descrip-
« tion. Deux chaînes parallèles de hauteurs égales
« orientées nord-sud couvrent Tananarive à l'est :
« l'une part d'Ilafy, l'autre est plus rapprochée de
« la ville et porte sur son point culminant, vers le
« sud, l'Observatoire des jésuites que les Hovas
« avaient détruit et où ils avaient établi des dé-
« fenses.

« Voici ce qui se passa. Nous n'avions pas
« encore quitté nos tentes que déjà les obus y tom-

VI. — LA COLONNE VOLANTE.

« baient; en même temps, nos derrières étaient
« attaqués par des Hovas dont on avait signalé la
« présence la veille au soir près d'Ambohimangue.
« De ce côté, on opposa à l'ennemi une compagnie
« d'infanterie de marine et les Haoussas, qui sup-
« portèrent d'abord vaillamment le feu pendant
« plus de six heures. Mais il fallait en finir; vigou-
« reusement conduits par leurs officiers, les Haous-
« sas se portèrent au-devant de l'ennemi, combi-
« nèrent une double attaque de front et en flanc et
« se jetèrent à la baïonnette. » Cette charge bril-
lamment poussée par ces redoutables hommes noirs,
un peu à la manière dont les Arabes exécutent la
fantasia, criant et jetant leurs armes en l'air, mit
sans peine les Hovas en déroute; épouvantés, ils
fuirent à toutes jambes en nous abandonnant leurs
armes et deux canons dont ils nous mitraillaient
depuis le matin.

Cependant la brigade Voyron s'était établie sur
la chaîne des hauteurs de la seconde crête, la plus
en arrière, dans la partie qui est au nord-est de
Tananarive. « Elle avait eu d'abord à repousser de
« nombreux tirailleurs ennemis, puis l'artillerie
« avait habilement riposté à trois batteries placées
« sur le point même qu'on se proposait d'occuper.
« Trois fois les Hovas avaient évacué leurs posi-
« tions, mais trois fois ils les avaient reprises,
« tirant toujours sur nous; les obus arrivaient
« juste, sans éclater, heureusement, pour la plu-
« part. Enfin leur feu s'était éteint et le général

« Voyron avait pris une position d'attente, surveil-
« lant son flanc gauche. »

C'est que, par là, la brigade Metzinger exécutait une grande conversion qui allait placer les troupes françaises face au front est de la ville. « Nous
« l'apercevons un instant au loin sortant d'un vil-
« lage, elle est reçue par un feu de mousqueterie
« des plus vifs ; néanmoins, elle continue sa marche.
« Nous attendons avec anxiété. Enfin le bataillon
« malgache, en avant-garde, paraît gravissant les
« hauteurs de la seconde crête, vers le sud, qu'il
« enlève et occupe fortement ; à son tour, l'artil-
« lerie en prend possession. On est en face de
« l'Observatoire, le bataillon malgache, continuant
« sa marche, y arrive presque en même temps que
« nos obus ; les Hovas ont beau revenir à la charge,
« ils sont débordés et nous abandonnent deux ca-
« nons. Alors nos officiers s'improvisent artilleurs,
« ils tournent les pièces conquises contre Tanana-
« rive, en règlent le tir au jugé, l'ennemi ayant en-
« levé les hausses, et le premier obus qui tombe sur
« la ville est un obus hova tiré d'un canon hova servi
« par des officiers français. Puis notre artillerie ar-
« rive à la rescousse, et cependant la brigade Voy-
« ron occupe elle aussi les hauteurs de l'autre crête,
« prolongeant à droite la brigade Metzinger.

« Il est trois heures, le bombardement commence :
« à gauche, on tire sur le palais de la reine ; à
« droite, sur celui du ministre. Les canons hovas
« ripostent de partout, de la terrasse du palais de

« la reine principalement. Mais nos obus à la méli-
« nite, réservés pour cette circonstance, ont des
« effets terrifiants et font dans les rangs ennemis
« de nombreuses victimes. Rien que sur la terrasse
« du palais, 35 Hovas sont tués d'un seul coup, 18
« d'un autre. Les coups se précipitent ; encore un
« quart d'heure de bombardement, puis l'assaut
« sera donné par six colonnes qui attendent le
« signal, impatientes. Tout à coup nos jumelles,
« braquées sur le palais, voient disparaître le
« pavillon de la reine ; vingt secondes après, un
« drapeau blanc est hissé à sa place. La ville se
« rend. Le bataillon malgache, toujours agile, s'est
« déjà engagé dans les rues de Tananarive et ren-
« contre des parlementaires pressés d'arriver près
« du général en chef. Le feu cesse partout.

« La presque totalité des troupes occupèrent la
« ville vers 6 heures du soir. Le général en chef,
« précédé d'un peloton de cavalerie et suivi de son
« état-major, fit son entrée solennelle le lendemain
« matin. Au Palais de la Résidence où il se rendit,
« fut hissé le pavillon tricolore. »

TABLE DES MATIÈRES

I.

LE CORPS EXPÉDITIONNAIRE.

Composition générale. — Les brigades d'infanterie. — Le régiment colonial. — Le bataillon malgache. — Les Haoussas. — Les volontaires de la Réunion. — La division navale de l'océan Indien. — La flottille fluviale. — Les canonnières et les chalands. — Les coolies. — Les mulets et les chevaux. — Le commandement. — La remise des drapeaux. — Départ du 200e.

II.

L'ENNEMI.

Le général la Fièvre et le général la Forêt. — Les routes. — Les saisons. — Les maladies. — Nos amis et nos ennemis. — Les Sakalaves. — Les Hovas. — La jeune reine et le vieux ministre.

III.

PREMIÈRE PARTIE DE L'EXPÉDITION.

La route de Tananarive par Majunga. — L'avant-garde. — Colonne de la rive gauche. — Colonne de Maroway. — Combat de Manonga. — Colonne de Suberbieville. — Arrivée du gros.

IV.

PREMIÈRE PARTIE DE L'EXPÉDITION (suite).

Combat de Tsarasaotra. — Combat du mont Béritz. — Marche sur Andribe. — Résultats acquis. — Nécessités pressantes. — Résolution de la colonne volante.

V.

LA ROUTE CARROSSABLE.

Les transports à dos d'hommes. — Les routes malgaches. — Le voyage de Tananarive avant la guerre. — Les voitures Lefèvre. — La route carrossable. — Le voyage de Tananarive pendant la guerre. — Les travaux. — Les ponts. — Les terrassements. — Distribution du travail. — Développement de la route. — Utilisation de la route. — Difficultés. — Les hôpitaux. — Les services administratifs.

VI.

LA COLONNE VOLANTE.

Les derniers obstacles de la route. — La garde de la reine. — Définition de la colonne volante. — Organisation. — Le convoi. — Les combattants. — Formation de marche. — Départ de l'avant-garde. — Premier combat. — La colonne en route. — Passage des monts Ambohimènes. — L'Emyrne. — Récit d'un témoin. — Journée du 26 septembre. — Tananarive. — Manœuvres autour de la capitale. — Combat et capitulation de Tananarive.

A LA MÊME LIBRAIRIE

Histoire abrégée des campagnes modernes; par J. **Vial**, colonel d'état-major en retraite, ancien professeur d'art et d'histoire militaires à l'Ecole d'application d'état-major. Complétée et mise à jour par son fils C. **Vial**, capitaine d'artillerie. 5ᵉ édition. Paris, 1894, 2 vol. in-8 avec atlas de 51 planches.................................... 13 fr.

Étude sommaire sur les batailles d'un siècle; par Ch. **Romagny** et **Piales d'Axtrez**, lieutenants professeurs adjoints de tactique et d'histoire à l'Ecole militaire d'infanterie. Paris, 1890, 1 vol. in-4 avec un portefeuille, également in-4 et renfermant 52 plans de batailles imprimés en couleurs................................... 15 fr.

Campagne de l'empereur Napoléon III en Italie en 1859, rédigée au dépôt de la guerre d'après les documents officiels, par les ordres de Son Exc. le maréchal comte **Randon**, 1860-1861. 3ᵉ édition. Paris, 1865, 1 vol. gr. in-8 avec 10 cartes, plans et tableau en gravure... 25 fr.

1870-1871. — Tableau-mémento chronologique des événements, avec notices explicatives; par Ch. **Romagny**, professeur adjoint de tactique et d'histoire à l'Ecole militaire d'infanterie. Paris, 1891, broch. in-8... 1 fr. 50

Guerre franco-allemande (1870-1871). Résumé et commentaires de l'ouvrage du grand état-major prussien; par Félix **Bonnet**, chef d'escadron d'artillerie. Paris, 1883-1886, 3 vol. in-8 avec 14 planches. 22 fr. 50

Souvenirs d'un artilleur de l'armée du Rhin; par Ludovic **Gratiolet**. Paris, 1892, 1 vol. in-12................... 3 fr. 50

Guerre d'Orient, 1877-1878. Défense de Plevna, d'après les documents officiels et privés réunis sous la direction du muchir Ghazi-Osman pacha; par le général de division **Mouzaffer** pacha, aide de camp de S. M. I. le sultan, et le lieutenant-colonel d'état-major **Talaat** bey, aide de camp du muchir Ghazi-Osman pacha. Paris, 1889, 1 vol. in-8 avec atlas de 10 planches en couleurs........... 15 fr.

La France à Tunis. — Expédition française en Tunisie (1881-1882), précédée d'une description géographique et historique de la régence de Tunis; par Maurice **Bois**, capitaine au 76ᵉ régiment d'infanterie, ancien professeur adjoint de géographie et de statistique à l'Ecole spéciale militaire de Saint-Cyr, officier d'académie. Paris, 1886, 1 vol. in-18.. 2 fr. 50

Deux années au Tonkin (1884-1886); par **Baudens**. Paris, 1887, broch. in-8... 50 c.

Campagne des Anglais au Soudan (1884-1885); par le commandant **Palat**. Paris, 1894, in-8 avec croquis............. 3 fr.

Paris. — Imprimerie L. Baudoin, 2, rue Christine.

www.ingramcontent.com/pod-product-compliance
Lightning Source LLC
LaVergne TN
LVHW050627090426
835512LV00007B/709